# Gessn werd imma nu derhamm

# Gessn werd imma nu derhamm

## Das zweite Kochbuch fränkischer Landfrauen und Landmänner

ars vivendi

Der Verlag ließ bei der Erstellung dieses Buches größtmögliche Sorgfalt walten, für dennoch vorhandene Fehler kann keine Haftung übernommen werden. Anregungen und Kritik sind herzlich willkommen.

Originalausgabe
1. Auflage 2018

www.arsvivendi.com

Lektorat: ars vivendi
Typografie und Ausstattung: Christine Richert und ars vivendi
Illustrationen: Bettina Schary
Printed in the EU

ISBN 978-3-86913-845-9

# Inhalt

# *Hinweise*

**Löffelmaßangaben:** Falls nicht anders angeführt, sind stets gestrichene Löffel gemeint. EL und TL sind Abkürzungen für Esslöffel und Teelöffel. Msp. steht für Messerspitze, Pck. für Packung bzw. Päckchen.

**Eier:** Kaufen Sie Eier in Bio-Qualität. Rohe oder halb rohe Eier sollten nicht von sehr alten oder geschwächten Menschen, kleinen Kindern, Schwangeren oder immungeschwächten Personen verzehrt werden.

**Backofen:** Der Ofen sollte stets auf die angegebene Temperatur vorgeheizt werden. Ein Ofenthermometer ist empfehlenswert. Backen und garen Sie stets in der Ofenmitte.

**Stäbchenprobe:** Prüfen Sie gegen Ende der Backzeit mit einem Holzspieß, ob der Kuchen gar ist. Dazu den Spieß in die Mitte des Kuchens stechen. Haftet beim Herausziehen kein Teig mehr daran, ist der Kuchen fertig. Ansonsten noch ein paar Minuten länger backen.

**Zitrusfrüchte:** Bei Verwendung ihrer Schalen auf Bio-Früchte zurückgreifen und diese zuvor heiß waschen. Zitrussaft sollte immer frisch gepresst sein.

**Hygiene:** Achten Sie bei der Zubereitung von rohem Fleisch auf peinliche Hygiene. Waschen Sie benutzte Schneidebretter, Messer, Arbeitsflächen und Ihre Hände nach Gebrauch sorgfältig heiß ab. Fleisch und Gemüse nie auf demselben Schneidebrett verarbeiten.

**Fleisch** sollte vor der Zubereitung immer gut trocken getupft werden.

**Obst und Gemüse** vor der Verarbeitung waschen, putzen und/oder bei Bedarf schälen. Wird Knoblauch roh verwendet oder ist der Keimling beim Knoblauch besonders ausgeprägt, sollte er vor der Zubereitung entfernt werden.

**Außergewöhnliche Zutaten** können meistens in den zugehörigen Läden gekauft werden. Die Adressen finden Sie im Informationsverzeichnis im hinteren Teil des Buchs.

# Vorwort

Franken hat viele Facetten: eine eindrucksvolle Landschaft, zahlreiche Burgen und Schlösser und malerische Fachwerkbauten … und natürlich sein Herzstück, den Franken selbst. Außerdem ist Franken – mit der höchsten Brauereidichte Deutschlands – die Bierregion schlechthin. Der berühmte Frankenwein darf auch nicht vergessen werden, prägen die zahlreichen Weinhänge doch die Landschaft Frankens. Bei all den vorzüglichen – und vor allem alkoholischen – Getränken braucht man selbstverständlich »a ordndliche Grundlaach«, wie der Franke sagen würde. Und was gäbe es da Besseres als die fränkische Küche? Diese präsentiert sich in Band 2 unserer fränkischen *Gessn*-Reihe sowohl traditionell als auch weltoffen, kreativ und innovativ, und ist dabei einfach »subber guud«. Für alle Gelegenheiten und für jeden Hunger, egal ob groß oder klein, stehen zahlreiche Rezepte zur Auswahl: Schäufele, Brotsuppn und Karpfenfilet, aber auch Irish Stew, mediterran gefüllte Teigtaschen und Amarant-Muffins sind vertreten.

Wir möchten uns an dieser Stelle herzlich für die zahlreichen Rezepteinsendungen von Frankens Hobby- und Profiköchinnen und -köchen bedanken, ohne die diese einzigartige Präsentation fränkischer Küche nicht entstanden wäre. Allen Leserinnen und Lesern wünschen wir gutes Gelingen beim Nachkochen und natürlich »guudn Hunger«!

*ars vivendi verlag*
*Lektorat*

# Suppen
# &
# Suppeneinlagen

# Saure Linsensuppe

Für 4–6 Personen:

250 g getrocknete Linsen
1 Karotte
1 Knollensellerie
1 Stange Lauch
40 g Butter oder Öl
20 g Mehl
Salz
Essig
1 Prise Zucker
Wiener Würstchen oder geräucherter Schweinebauch als Einlage (nach Belieben)

Die Linsen über Nacht in 1 ½ l kaltem Wasser einweichen. Am nächsten Tag abgießen und abtropfen. Karotte und Sellerie putzen, schälen und klein würfeln, den Lauch gründlich waschen, putzen und in feine Ringe schneiden. Zusammen mit den eingeweichten Linsen in 1 ½ l frischem Wasser ca. 1 ½ Stunden abgedeckt kochen. Die Butter in einem Topf zerlassen und das Mehl darin anschwitzen. Die Einbrenne vorsichtig in den Linsensud einrühren und 5 Minuten köcheln lassen. Mit Salz, Essig und etwas Zucker abschmecken. Als Einlage eignen sich Wiener Würstchen oder geräucherter Schweinebauch.

**Tipp:** Diese Suppe wird in Oberfranken traditionell mit Mehlklößen (siehe S. 28) serviert und heißt deshalb Linsen und Spatzen (fränkisch: Linsen und Schboozn).

*Adelgunde Gagel, Hofladen, Bad Staffelstein*

# Leberknödelsuppe vom Coburger Fuchsschaf

Für 6–8 Personen:

350 ml Milch
Salz
6 Semmeln vom Vortag
250 g sehr frische Schafsleber (vorgewolft vom Metzger oder durch den eigenen Fleischwolf gedreht)
1 Zwiebel
3–4 Stängel Petersilie
1 Stängel Majoran
50 g Butter
3 Eier
Pfeffer aus der Mühle
Semmelbrösel, bei Bedarf
2 l Fleischbrühe
Schnittlauchröllchen zum Garnieren

Die Milch mit etwas Salz in einem Topf lauwarm erhitzen. Die Semmeln in feine Scheiben schneiden und mit der Milch übergießen. Während die Semmeln ziehen, die Leber durch den Fleischwolf drehen, sofern keine gewolfte Leber gekauft wurde. Die Zwiebel schälen und in sehr feine Würfel schneiden.
Petersilie und Majoran waschen, trocken schütteln, fein hacken und die Petersilie in der Butter andünsten. Leber, Zwiebel, Kräuter und Eier zu den Brötchen geben, ordentlich salzen, pfeffern und gut durchkneten. Es muss ein geschmeidiger Teig entstehen, der ruhig noch etwas klebrig sein darf. Ist er zu weich, ein wenig Semmelbrösel einarbeiten – aber Vorsicht! – bei zu festem Teig werden die Knödel zäh.
Die Brühe in einem Topf erhitzen. Mit angefeuchteten Händen 6–8 Knödel aus dem Teig formen und in der Fleischbrühe ca. 25 Minuten ziehen lassen, nicht aufkochen!
Die Leberknödel in der Brühe mit Schnittlauchröllchen bestreut servieren.

**Tipp:** Am liebsten verwende ich die Leber vom Coburger Fuchsschaf, das Rezept funktioniert jedoch natürlich auch mit jeder anderen (Schafs-)Leber.

*Stefan Igelhaut, Obstbaumpflege und Imkerei, Oberferrieden*

# Fränkische Brotsuppn

Für 4 Personen:

1 Zwiebel
2 Knoblauchzehen
1 EL Schweinefett
etwas Wurzelgemüse (z. B. Karotte, Knollensellerie, Petersilienwurzel, Schwarzwurzel)
1 ½ l Gemüsebrühe
4–6 Scheiben Bauernbrot
2–3 EL Olivenöl
1 säuerlicher Bio-Apfel (z. B. Granny Smith)
200 g geräucherte Leberwurst oder Hirnwurst
Salz und Pfeffer aus der Mühle
gemahlener Kümmel (nach Belieben)
Schnittlauchröllchen und Petersilie zum Garnieren

Zwiebel und Knoblauch schälen, klein schneiden und in einem großen Topf in Schweinefett andünsten. Das Wurzelgemüse putzen, schälen, grob raspeln und in den Topf geben. Mit Gemüsebrühe aufgießen und kochen, bis die Zutaten weich sind.
In der Zwischenzeit das Brot würfeln und in einer Pfanne in Olivenöl anrösten, dann herausnehmen und beiseitestellen. Den Apfel waschen, entkernen, mit Schale in dünne Spalten schneiden und in die heiße Brühe geben. Die geräucherte Leberwurst in Scheiben schneiden, ebenfalls zufügen und kurz warm werden lassen. Mit Salz, Pfeffer und nach Belieben etwas Kümmel abschmecken. Die gerösteten Brotwürfel auf tiefe Teller verteilen, die Brühe mit den Apfelspalten und der Wurst daraufschöpfen und die Suppe mit Schnittlauch und Petersilie garniert servieren.

*Monika Bodendörfer-Alefeld, Pommelsbrunn*

# Fränkisch-tschechische Knoblauchsuppe

Für 4 Personen:

700 ml Fleischbrühe
8–10 Knoblauchzehen
Salz
3–4 Stängel Petersilie
Pfeffer aus der Mühle
2 Scheiben Schwarzbrot
2 EL Schweineschmalz oder Öl

Die Brühe in einem Topf aufkochen. Den Knoblauch schälen und mit etwas Salz am besten im Mörser zerreiben (alternativ im Blitzhacker zerkleinern). Die Knoblauchpaste zur Brühe geben und 10 Minuten köcheln lassen. Die Petersilie waschen, hacken und gegen Ende zugeben. Die Suppe mit Salz und Pfeffer abschmecken. In der Zwischenzeit das Brot in kleine Würfel oder Streifen schneiden und in einer Pfanne im Schmalz von beiden Seiten knusprig bräunen. Die Brotstücke zum Servieren auf tiefe Teller verteilen und mit der Knoblauchsuppe begießen.

*Stefan Igelhaut, Obstbaumpflege und Imkerei, Oberferrieden*

# Gazpacho

Für 4 Personen:

1 Knoblauchzehe
2 große Tomaten
1 Bio-Gurke
1 rote oder gelbe Paprikaschote
500 ml Gemüsebrühe
3 EL Öl
3 EL Essig oder Zitronensaft
Salz und Pfeffer aus der Mühle

Für die Einlage:
2 große Tomaten
1 Bio-Gurke
1 rote oder grüne Paprikaschote
Croûtons zum Servieren

Den Knoblauch schälen, halbieren und eine große Schüssel damit ausreiben. Tomaten und Gurke waschen und grob zerkleinern. Die Paprika ebenfalls waschen, entkernen und grob hacken. Das Gemüse in die Schüssel geben und die Gemüsebrühe hineingießen. Mit dem Stabmixer alles gut pürieren. Die Gemüsemasse durch ein Sieb streichen. Mit Öl, Essig, Salz und Pfeffer abschmecken und die Suppe bis zum Servieren kalt stellen.
Das Gemüse für die Einlage waschen, entkernen, klein schneiden und in der Gazpacho anrichten. Die Suppe mit Croûtons bestreut servieren.

*Barbara Schlegl, Lauf a. d. Pegnitz*

# Frühlingskräutersuppe

Für 6 Personen:

1 Zwiebel
1 EL Pflanzenöl
1 EL Mehl
1–1 ½ l Gemüsebrühe
1 Bund junge Frühlingskräuter (z. B. Brennnessel, Bärlauch, Sauerampfer, Gundermann, Giersch, Vogelmiere, Löwenzahn, Brunnenkresse)
2 Bund frischer Spinat (für ein Kräuter-Spinat-Verhältnis von 1:2)
1 Knoblauchzehe
Salz und Pfeffer aus der Mühle
Schmand oder Sauerrahm zum Servieren

Die Zwiebel schälen, klein schneiden und im Öl anbraten. Das Mehl einstreuen und anschwitzen. 1 l Gemüsebrühe angießen und 5 Minuten köcheln lassen. Kräuter und Spinat waschen, grob hacken und in die kochende Brühe geben. Den Knoblauch schälen, halbieren und ebenfalls zufügen. Etwa 15 Minuten köcheln lassen. Die Suppe mit dem Stabmixer pürieren und nach Belieben bis zur gewünschten Konsistenz mit mehr Brühe verdünnen. Mit Salz und Pfeffer abschmecken.
Die Frühlingskräutersuppe in tiefe Teller schöpfen und mit einer Nocke Schmand servieren.

**Tipp:** Für ein noch feineres Ergebnis die Suppe nach dem Pürieren durch ein Sieb streichen. Besonders gut passt frisches Weißbrot dazu.

*Stefan Igelhaut, Obstbaumpflege und Imkerei, Oberferrieden*

## Petersilienwurzelsuppe mit Granatapfel

Für 4–6 Personen:

500 g Petersilienwurzeln
2 Schalotten
1 Knoblauchzehe
1 EL Butter
900 ml Gemüsebrühe
200 g Sahne
100 ml Weißwein
Salz und Pfeffer aus der Mühle
½ Bund Petersilie
frisch geriebene Muskatnuss
Kerne von ½ Granatapfel zum Garnieren

Petersilienwurzeln, Schalotten und Knoblauch schälen und klein würfeln. Die Butter in einem Topf zerlassen und das Gemüse darin andünsten. Mit Brühe ablöschen. Sahne und Wein zugießen, salzen, pfeffern und ca. 20 Minuten bei niedriger Hitze köcheln lassen. Die Petersilie waschen, grob zerkleinern und zur Suppe geben, dann alles mit dem Stabmixer cremig pürieren. Mit Salz, Pfeffer und etwas Muskat abschmecken. Die fertige Suppe zum Servieren in Schalen füllen und mit Granatapfelkernen garnieren.

*Kristine Brunner, Fischbach*

## Petersilienwurzelsuppe Deluxe

Für 6–8 Personen:

2 kleine Zwiebeln
600 g Petersilienwurzeln
1 große Kartoffel
50 g durchwachsener Speck
1 EL Olivenöl, plus etwas mehr zum Servieren
1 ½ l Gemüsebrühe
2 EL Honig
etwas getrockneter Thymian
250 g Sahne
Salz und Pfeffer aus der Mühle
100 g ungeräucherter Bauchspeck in sehr dünnen Scheiben

Die Zwiebeln schälen und fein würfeln. Petersilienwurzeln und Kartoffel ebenfalls schälen und in 2 cm große Stücke schneiden. Den Speck würfeln. Das Öl in einem Topf erhitzen und Zwiebeln und Speck darin andünsten. Petersilienwurzeln und Kartoffel zugeben und kurz mitbraten. Die Brühe angießen, zum Kochen bringen und ca. 30 Minuten sanft köcheln lassen. Nach 25 Minuten Honig und Thymian zufügen. Die Suppe mit dem Stabmixer fein pürieren, die Sahne zugießen und erneut kurz aufkochen, dann mit Salz und Pfeffer abschmecken. Den Bauchspeck in einer beschichteten Pfanne ohne Fett knusprig braten. Die Petersilienwurzelsuppe in tiefe Teller schöpfen, mit knusprigem Speck garnieren und zum Servieren ein paar Tropfen Olivenöl darüberträufeln.

*Richard Meier, Kräuter und Gemüse Meier, Buch*

# Krensuppe

Für 4 Personen:

40 g Butter
1 Zwiebel
20 g Mehl
1 l Gemüsebrühe
1 Lorbeerblatt
60–90 g Meerrettichwurzeln (Kren)
1 Karotte
Salz und Pfeffer aus der Mühle
saure Sahne zum Servieren
Schwarzbrot-Croûtons und Petersilie zum Garnieren (nach Belieben)

In einem Topf die Butter zerlassen. Die Zwiebel schälen, fein würfeln und darin andünsten. Mit Mehl bestäuben, kurz anschwitzen, dann mit Brühe ablöschen und ein Lorbeerblatt zufügen. Alles kurz köcheln lassen. Meerrettich und Karotte schälen und fein stifteln oder raspeln. Zusammen mit den Gewürzen in die Brühe geben und 10–15 Minuten köcheln. Das Lorbeerblatt entfernen und die Suppe mit einem Klecks saure Sahne anrichten. Wer mag, garniert die Suppe noch mit Schwarzbrot-Croûtons sowie etwas Petersilie.

**Tipp:** Für ein cremigeres Ergebnis die Suppe vor dem Anrichten mit dem Stabmixer fein pürieren.

*Beate Hahn, Meerrettichhof Hieronymus, Dachsbach*

# Schalottensuppe mit Nuss-Gorgonzola-Baguette

Für 4 Personen:

500 g Schalotten
2 EL Butter, plus mehr für das Backblech
250 ml trockener Weißwein
1 EL Gemüsebrühpulver
½ TL getrockneter Thymian
1–2 EL Walnusskerne
100 g Gorgonzola
8 Scheiben Baguette
Salz und Pfeffer aus der Mühle

Den Backofengrill auf höchster Stufe vorheizen. Die Schalotten schälen und in Ringe schneiden. Die Butter erhitzen und die Schalotten darin glasig dünsten. Wein, 750 ml Wasser, Gemüsebrühpulver und Thymian zugeben. Aufkochen und bei mittlerer Hitze abgedeckt 10–15 Minuten köcheln. Die Walnüsse grob hacken, den Gorgonzola in 8 Scheiben schneiden. Ein Backblech buttern, die Baguettescheiben darauf verteilen und unter dem Backofengrill 2–3 Minuten rösten. Das Brot wenden, mit Käse belegen und mit Walnüssen bestreuen. Nochmals ca. 1 Minute grillen. Die Schalottensuppe mit Salz und Pfeffer abschmecken und mit dem Nuss-Gorgonzola-Baguette servieren.

*Richard Meier, Kräuter und Gemüse Meier, Buch*

# Grünspargelsuppe

Für 4 Personen:

1 kg grüner Spargel
Salz
Zucker
1 Zwiebel
1 EL Butter
1 l Gemüsebrühe
Pfeffer aus der Mühle
frisch geriebene Muskatnuss
Chiliflocken oder Cayennepfeffer
150 g Sahne
etwas Zitronensaft

Den grünen Spargel im unteren Drittel schälen und in 1 cm große Stücke schneiden. Köpfe und Stangen separieren. Die Spargelköpfe in 200 ml kochendem Wasser mit etwas Salz und Zucker etwa 5 Minuten garen.
Die Zwiebel schälen, klein schneiden und in der Butter anschwitzen. Spargelstangen kurz mitdünsten, dann mit Brühe aufgießen. Das Ganze ca. 15 Minuten kochen, anschließend mit dem Stabmixer pürieren und mit Salz, Pfeffer, Zucker, Muskatnuss und Chili würzen. Die Sahne dazugießen und die Suppe mit Zitronensaft abschmecken.
Die Suppe in tiefe Teller schöpfen und mit den gegarten Spargelköpfen servieren.

*Gerlinde und Konrad Kreß, Münchaurach*

# Rote-Bete-Suppe mit Ingwer und Kokos

Für 2–4 Personen:

300 g Rote Bete
1 kleiner Apfel
60 ml Apfelsaft
200 ml Kokosmilch
2 TL geriebener Ingwer
1 Bio-Limette
Salz und Pfeffer aus der Mühle
Chilipulver
gemahlener Kreuzkümmel (Cumin)
Kokosflocken zum Garnieren

Die Rote Bete vom Strunk befreien, schälen und klein schneiden. Den Apfel waschen, schälen und würfeln. Beides zusammen mit Apfelsaft und Kokosmilch in einem Topf erhitzen und garen, bis das Gemüse weich ist. Den geriebenen Ingwer zufügen und alles mit dem Stabmixer gut pürieren. Die Limette warm waschen, abtrocknen, die Schale fein abreiben und den Saft auspressen. Die Suppe mit Limettenabrieb und -saft sowie den Gewürzen abschmecken.
Die Rote-Bete-Suppe in Schalen füllen und vor dem Servieren mit Kokosflocken bestreuen.

*Gerlinde Herz, Cadolzburg*

# Rote-Bete-Suppe mit Balsamico und Frischkäse-Ciabatta

Für 6–8 Personen:

350 g Kartoffeln
500 g gegarte Rote Bete
1 Knoblauchzehe
1 l Gemüsebrühe
4 EL Balsamicoessig, plus mehr bei Bedarf
1 Msp. gemahlene Nelken
10–15 Salbeiblätter
1 EL Butterschmalz
50 g Haselnusskerne
200 g Sahne
Salz und Pfeffer aus der Mühle
1 Ciabatta-Brot
300 g Frischkäse oder Ziegenfrischkäse
4 EL Olivenöl zum Beträufeln

Die Kartoffeln waschen und schälen, zusammen mit der Roten Bete in Stücke schneiden. Den Knoblauch schälen und zerdrücken. Die Brühe erhitzen. Kartoffeln, Rote Bete, Knoblauch, Essig und Nelken hineingeben, aufkochen und abgedeckt bei mittlerer Hitze etwa 20 Minuten köcheln.
Den Salbei waschen und trocken tupfen. Das Butterschmalz in einer Pfanne erhitzen und den Salbei darin knusprig braten. Auf Küchenpapier abtropfen lassen. Die Haselnusskerne in ein sauberes Küchentuch einschlagen und mit dem Nudelholz grob zerkleinern.
Die Suppe vom Herd nehmen und mit dem Stabmixer pürieren. Die Sahne unterrühren, nochmals kurz erwärmen und mit Salz, Pfeffer und bei Bedarf etwas Essig abschmecken.
Das Ciabatta in Scheiben schneiden und mit Frischkäse bestreichen. Die Suppe in tiefe Teller schöpfen und mit Olivenöl beträufeln. Suppe und Ciabatta mit Salbeiblättern und Haselnüssen garniert servieren.

*Adelgunde Gagel, Hofladen, Bad Staffelstein*

# Klare Tomatensuppe mit Basilikumnocken

Für 4 Personen:

Für die Suppe:
3 Zwiebeln
3 Knoblauchzehen
2 ½ kg Strauchtomaten
50 ml Olivenöl
Salz und Pfeffer aus der Mühle
1 Prise Zucker
etwas Gemüsebrühpulver
6 Eiweiß

Für die Basilikumnocken:
1 Bund Basilikum
200 ml Vollmilch
25 g Butter
2 Eier
80 g Weizengrieß
Salz und Pfeffer aus der Mühle
frisch geriebene Muskatnuss

*2 Leinen- oder Baumwolltücher*

Zwiebeln und Knoblauch schälen und in kleine Würfel schneiden. Die Tomaten waschen, entstrunken und vierteln. Das Öl in einem großen Topf erhitzen und Zwiebeln sowie Knoblauch darin glasig dünsten. Die Tomaten zugeben. Aufkochen, dann mit Salz, Pfeffer, Zucker und etwas Gemüsebrühpulver abschmecken. Erneut aufkochen, die Hitze reduzieren und ca. 30 Minuten abgedeckt köcheln lassen. Die Suppe etwas abkühlen und durch ein mit einem Tuch ausgelegtes Sieb in einen sauberen Topf passieren. Das gekochte Gemüse leicht ausdrücken, dann entfernen. Die Flüssigkeit auf Zimmertemperatur abkühlen lassen.
Die Eiweiße leicht aufschlagen und in die abgekühlte Suppe einrühren. Den Topf wieder auf den Herd stellen und unter ständigem Rühren erhitzen. Sobald es kocht, die Hitze reduzieren, ca. 2 Minuten ohne zu rühren stehen lassen und den entstandenen Schaum vorsichtig abschöpfen. Wieder das Sieb mit einem frischen Leinentuch über einen Topf hängen und die Suppe vorsichtig einfüllen. Beiseitestellen.
Für die Nocken das Basilikum waschen und trocken schütteln, die Blätter abzupfen und grob hacken. Zusammen mit der Milch in einen Topf geben und mit dem Stabmixer fein pürieren, dann aufkochen. Butter, Eier und Grieß zufügen und bei milder Hitze so lange rühren, bis die Masse bindet und nicht mehr am Topfboden haftet. Vom Herd nehmen und mit Salz, Pfeffer und Muskatnuss abschmecken. Die klare Tomatensuppe erneut erhitzen. Mit einem Esslöffel Nocken aus der Basilikummasse abstechen und etwa 10 Minuten in der heißen Suppe ziehen lassen.

**Tipp:** Wir verwenden für diese Suppe am liebsten unsere selbst angebauten Frankie-Tomaten. Die übrigen Eigelbe entweder für Kuchen oder selbst gemachten Eierlikör verwenden.

*Familie Weißmann, Frankie's Hofladen, Poppenreuth*

# Apfel-Curry-Suppe

Für 4–6 Personen:

1 Zwiebel
1 Knoblauchzehe
2 EL Butter
6 säuerliche Äpfel (z. B. Boskop)
1 Banane (nach Belieben)
1 EL Currypulver
1 l Gemüsebrühe
Salz und Pfeffer aus der Mühle
etwas Zucker, bei Bedarf
Schlagsahne oder Crème fraîche zum Servieren

Zwiebel und Knoblauch schälen und in Würfel schneiden. Die Butter erhitzen und das Gemüse darin andünsten. Die Äpfel schälen, entkernen, würfeln und ca. 20 Minuten mitgaren. Falls verwendet, die Banane schälen, in Stücke schneiden und zugeben. Das Currypulver einstreuen und die Brühe angießen. Mit Salz und Pfeffer, bei Bedarf auch etwas Zucker, abschmecken. Die Mischung mit dem Stabmixer fein pürieren.
Die Suppe mit einem Klecks geschlagener Sahne oder Crème fraîche servieren.

*Kristine Brunner, Fischbach*

# Hühner-Curry-Suppe

Für 4 Personen:

1 Zwiebel
1 Bio-Apfel
40 g Butter
1 TL Currypulver
60 g Reis
500 ml Hühnerbrühe
200 g Sahne
2 TL mittelscharfer Senf
Salz und Pfeffer aus der Mühle
200 g Hähnchenfleisch
250 ml Kokosmilch
1 TL Zitronensaft
gehackte Pistazien zum Garnieren

Die Zwiebel schälen und fein schneiden. Den Apfel waschen, entkernen, würfeln und zusammen mit der Zwiebel in einem Topf in der Butter anschwitzen. Currypulver darüberstäuben. Den Reis waschen, zugeben und glasig dünsten. Mit Hühnerbrühe ablöschen und den Reis weich kochen. Sahne, Senf, Salz und Pfeffer hinzufügen. Das Hähnchenfleisch in feine Würfel schneiden und etwa 10 Minuten in der Suppe gar ziehen lassen. Kokosmilch und Zitronensaft zugießen und aufkochen. Die Hühner-Curry-Suppe mit Salz und Pfeffer abschmecken und in tiefen Tellern servieren. Mit gehackten Pistazien garnieren.

*Inge Fleischmann, Markt Erlbach*

# Kirchweihklößchen

Ergibt ca. 60 Klößchen:

ca. 250 ml Vollmilch
10 Semmeln vom Vortag
½ Bund Petersilie
120 g weiche Butter
Salz
ca. 2–3 Dutschen (Küchle, die nicht zum Herzeigen geeignet sind)
Butterschmalz zum Ausbacken

Die Milch in einem Topf lauwarm erhitzen. Die Semmeln klein schneiden und mit der Milch übergießen. Die Petersilie waschen, fein hacken und zusammen mit der Butter gründlich unter die Semmelmasse kneten. Mit Salz abschmecken.
So viele Dutschen in die Masse zupfen, bis der Teig fest genug ist, um kleine Klößchen daraus zu formen. Ausreichend Butterschmalz erhitzen und die Klößchen darin portionsweise schwimmend ausbacken.
Die Kirchweihklößchen als Einlage in einer kräftigen Rinderbrühe servieren. Sie lassen sich auch problemlos zur späteren Verwendung einfrieren.

**Tipp:** Das Butterschmalz, in dem Küchle (z. B. S. 139) ausgebacken wurden, kann hier zum Ausbacken der Klößchen wiederverwendet werden.

*Petra Sollmann, Schluckerhof, Thalmässing*

# Grießnockerl

Für 8–10 Personen:

10 Eier
Salz
½ TL Backpulver
frisch geriebene Muskatnuss
ca. 400 g Weich- oder Hartweizengrieß
etwas Milch, bei Bedarf
Pflanzenöl zum Ausbacken

In einer Schüssel Eier, Salz, Backpulver und Muskatnuss mit dem Rührgerät schaumig aufschlagen. Den Grieß langsam und unter stetigem Rühren in die Schaummasse einrieseln lassen, bis der Teig dickflüssig von einem Löffel tropft. Bei Bedarf zum Verdünnen etwas Milch zugießen.
So viel Öl in eine Pfanne gießen, dass der Boden etwa 1 cm hoch bedeckt ist, und stark erhitzen. Den Teig esslöffelweise ins heiße Öl setzen und goldbraun ausbacken. Die Nockerl herausheben, auf Küchenpapier abtropfen und abkühlen lassen und als Einlage in einer Suppe servieren.

**Tipp:** Da die Nockerl viel Flüssigkeit aufsaugen, für die Suppe am besten mehr Brühe ansetzen als sonst. Die Nockerl lassen sich auch sehr gut einfrieren.

*Familie Wimbauer, Nennslingen*

# Dips, Aufstriche & Saucen

# Dip vom geräucherten Karpfenfilet

Für 4 Personen:

1 kleines geräuchertes Karpfenfilet ohne Haut (z. B. aus dem Aischgrund)
1 Bio-Apfel
1 rote Paprikaschote
ca. 300 g Frischkäse
1–2 EL Meerrettich (frisch gerieben oder aus dem Glas)
etwas Sahne, bei Bedarf
Salz und Pfeffer aus der Mühle

Das Karpfenfilet in Stücke zupfen, dabei eventuelle Gräten entfernen. Apfel und Paprika waschen, entkernen und in feine Würfel schneiden. Fisch, Apfel und Paprika mit Frischkäse und Meerrettich gut vermengen. Die Konsistenz bei Bedarf mit etwas Sahne oder Frischkäse anpassen (streichfähig, aber dennoch fest). Mit Salz und Pfeffer abschmecken und am besten über Nacht im Kühlschrank ziehen lassen.

**Tipp:** Schmeckt am besten mit frischem regionalen Karpfen. Dazu passen geröstete Brotscheiben, frisches Bauernbrot oder Baguette und Gemüsesticks zum Dippen.

*Andrea Dietsch, Teichwirtschaft Dietsch, Uehlfeld*

# Feinschmecker-Fischmousse

Für 4 Personen:

120 g Räucherfischfilet ohne Haut (z. B. Forelle, Lachs oder Lachsforelle)
ca. 120 g Sahne
1–2 EL Meerrettich (frisch gerieben oder aus dem Glas, nach Belieben)

Das Räucherfischfilet in einem Standmixer fein pürieren. Es entsteht eine relativ feste Paste. So viel Sahne zugießen, bis die Mousse streichfähig ist. Nach Belieben etwas Meerrettich untermengen.

**Tipp:** Mit Schwarzbrot oder Baguette servieren. Darf es geschmacklich etwas kräftiger sein, kann man z. B. geräucherten Karpfen, Waller, Brachse o. ä. verwenden. Wird das Feinschmecker-Fischmousse als Vorspeise serviert, einen frischen grünen Salat dazureichen.

*Michaela Gerstner-Scheller, Fischzuchtbetriebe Gerstner, Obervolkach*

# Margas Meerrettichsauce

Für 6–8 Personen:

40 g Butter
30 g Mehl
250 g Meerrettichwurzeln (Kren)
1 l Fleischbrühe
2 EL Milch
100 g Sahne
Salz
Essig
1 Prise Zucker

Die Butter in einem Topf zerlassen, das Mehl zufügen und hell anschwitzen. Die Meerrettichwurzeln schälen, fein reiben und zur Mehlschwitze geben. Mit Fleischbrühe ablöschen. Die Milch zugießen und 5–10 Minuten (je nach Grad der Schärfe) kochen. Zum Schluss die Sahne einrühren und die Sauce mit Salz, Essig sowie etwas Zucker abschmecken.

*Marion Schwarz, Marga's Kren, Höchstadt a. d. Aisch*

# Käseaufstrich

Für 4–6 Personen:

ca. 25 g gemischte Kräuter (z. B. Kerbel, Petersilie, Kresse)
3–4 Lauchzwiebeln
200 g Blauschimmelkäse
4 EL Rapsöl
1 EL scharfer Senf
etwas Chilipulver
Salz und Pfeffer aus der Mühle

Die Kräuter waschen, trocken schütteln und hacken. Die Lauchzwiebeln putzen, waschen und in Ringe schneiden. Den Käse grob zerkleinern und zusammen mit allen anderen Zutaten zu einer sämigen Creme verarbeiten. Mit Salz und Pfeffer abschmecken.

*Melanie Hofmann, Ferienhäuser zur Schäferei, Mitwitz*

# Obatzter

Für 4 Personen:

125 g Butter
250 g Limburger Käse
1 EL Mayonnaise
1 kleine Zwiebel
Salz und Pfeffer aus der Mühle
etwas Paprikapulver

Die Butter und den Limburger mit dem Stabmixer grob zerkleinern. Die Mayonnaise dazugeben. Die Zwiebel schälen, sehr fein würfeln und unterheben. Mit Salz, Pfeffer und etwas Paprikapulver abschmecken.

*Hermann Lankisch, Ottensoos*

# Zweierlei Ziegenfrischkäsedips

## Ziegenfrischkäsedip »Kräuter«

Für 4–6 Personen:

je ½ Bund Petersilie und Schnittlauch
1 Schuss Olivenöl
Salz und Pfeffer aus der Mühle
200 g Ziegenfrischkäse
2 Knoblauchzehen

Für den Kräuter-Dip Petersilie und Schnittlauch waschen, trocken schütteln und fein hacken. Zusammen mit Olivenöl, etwas Salz und Pfeffer zum Frischkäse geben. Den Knoblauch schälen und durch die Presse in den Frischkäse drücken. Alles gut verrühren, bis ein cremiger Dip entstanden ist.

## Ziegenfrischkäsedip »Orient«

Für 4–6 Personen:

3–4 getrocknete Datteln oder Feigen
2 Knoblauchzehen
1 Schuss Olivenöl
2 TL Currypulver
1 Prise Schwarzkümmel
Salz und Pfeffer aus der Mühle
200 g Ziegenfrischkäse

Für den Orient-Dip die Datteln entsteinen und in feine Streifen schneiden. Den Knoblauch schälen und durch die Presse drücken. Datteln, Knoblauch, Olivenöl, Currypulver, Schwarzkümmel sowie etwas Salz und Pfeffer mit dem Frischkäse verrühren, bis ein cremiger Dip entstanden ist.

**Tipp:** Zu den Ziegenfrischkäsedips passt das Ofengemüse von S. 38.

*Andrea Spoerry-Bonn, Bioland-Ziegenhof »Der Reimehof«, Kirchensittenbach*

# Löwenzahnbutter

Für 6–8 Personen:

250 g weiche Butter
1 Prise Currypulver
1 Handvoll gelbe Löwenzahn-Blütenblättchen
Salz und Pfeffer aus der Mühle

Die Butter gut mit Currypulver und Blütenblättchen vermengen und kräftig mit Salz und Pfeffer abschmecken.

*Steffi Wening, Stophelhof, Heilsbronn*

# Rucola-Walnuss-Pesto

Für 4–6 Personen:

100 g Rucola
30 g Walnusskerne
125 ml Rapsöl
20 g geriebener Parmesan
Salz und Pfeffer aus der Mühle

Den Rucola waschen, trocken schütteln, klein schneiden und zusammen mit den Walnüssen im Blitzhacker zu einer Paste zerkleinern. Mit Öl und Käse vermengen und mit Salz und Pfeffer abschmecken.

*Melanie Hofmann, Ferienhäuser zur Schäferei, Mitwitz*

# Schafskäse-Basilikum-Pesto

Für 4–6 Personen:

200 g Schafskäse
50 g geriebener Parmesan
125 ml Pflanzenöl
3–5 Knoblauchzehen
10 Stängel Basilikum
1 EL Pinienkerne

Den Schafskäse würfeln und mit dem Parmesan vermengen. Das Öl tropfenweise unterrühren, bis eine dicke Paste entsteht. Den Knoblauch schälen und durch die Presse drücken. Das Basilikum waschen, trocken schütteln und klein schneiden. Knoblauch und Basilikum unter die Käsemasse rühren. Die Pinienkerne in einer Pfanne ohne Fett rösten, grob hacken und warm unter die Masse mischen.

*Richard Meier, Kräuter und Gemüse Meier, Buch*

# Aioli

Für 4–6 Personen:

½ Scheibe Weißbrot
5 Knoblauchzehen
1 Prise Salz
2 Eigelb
1 TL Essig
250 ml Olivenöl

Das Weißbrot in heißem Wasser einlegen. Den Knoblauch schälen und mit etwas Salz im Mörser zerreiben. Eigelbe, Essig und Knoblauch in eine Schüssel geben und die Hälfte des Öls wie bei einer Mayonnaise tropfenweise einrühren. Das eingeweichte Brot ausdrücken, zerpflücken und mit dem restlichen Öl unterrühren.

**Tipp:** Aioli schmeckt zu kurzgebratenem Fleisch, Fisch sowie Fleischfondue.

*Richard Meier, Kräuter und Gemüse Meier, Buch*

# Tomatensauce

1 kg vollreife Tomaten
Kräuter nach Geschmack (z. B. Oregano, Thymian, Basilikum, Bohnenkraut, Petersilie)
Salz und Pfeffer aus der Mühle

Die Tomaten waschen, entkernen und nach Belieben häuten. Die Kräuter waschen, trocken schütteln und klein schneiden. Das Tomatenfruchtfleisch mit den Kräutern, etwas Salz und Pfeffer ca. 10 Minuten kochen, dann mit dem Stabmixer bis zur gewünschten Konsistenz pürieren. Die Sauce mit Nudeln servieren oder für ein anderes Gericht wie z. B. Pizza oder Auflauf weiterverarbeiten.

**Tipp:** Heiß in Gläser abgefüllt oder luftdicht eingefroren kann diese Sauce sehr gut einige Monate lang aufbewahrt werden.

*Steffi Wening, Stophelhof, Heilsbronn*

# Burgersauce Whiskey-Bacon-Jam (Marmelade)

Für 8–10 Personen:

850 g Bacon (Frühstücksspeck)
250 g Schalotten
2 Zwiebeln
4 Knoblauchzehen
2 EL Sriracha-Chilisauce (aus dem Asialaden)
1 TL geräuchertes Paprikapulver
½ TL bunter Pfeffer aus der Mühle
120 ml Whiskey
120 g Ahornsirup oder Honig
60 ml Balsamicoessig
120 g brauner Zucker

Den Bacon klein würfeln und unter Rühren in einer Pfanne ohne Fett bei mittlerer Temperatur auslassen – das kann bis zu 45 Minuten dauern. Es sollen sich Röststoffe bilden, der Speck aber nicht verbrennen. Das ausgebratene Fett abgießen. Schalotten, Zwiebeln und Knoblauch schälen, klein schneiden, zum Bacon geben und goldgelb dünsten. Mit Chilisauce, Paprikapulver und Pfeffer würzen. Unter Rühren 1–2 Minuten garen. Danach Whiskey und Ahornsirup angießen, alles aufkochen und ca. 3 Minuten köcheln. Balsamico und Zucker zugeben und einige Minuten weiterkochen. Aber Achtung: Kocht sie zu lange, wird die Jam zu trocken. Nach Belieben die Sauce pürieren.

**Tipp:** Die Burgersauce Whiskey-Bacon-Jam passt super zum American Burger von S. 61.

*Anne Leichtenstern, Prebitz*

# Fränkische Mehlklöße

Für 4 Personen:

375 g Mehl
4 Eier
125 ml Milch
Salz
4–5 Semmeln vom Vortag

Aus Mehl, Eiern, Milch und 1 TL Salz einen glatten Teig anrühren und 30 Minuten quellen lassen. Die Semmeln würfeln und dazugeben. Gut vermengen. Mit einem Esslöffel kleine Klöße abstechen und in einen großen Topf mit ca. 3 l Salzwasser einlegen. Aufkochen, dann die Hitze reduzieren und die Klöße bei knapp unter 100 °C etwa 15 Minuten gar ziehen lassen. Mit dem Schaumlöffel herausnehmen.

**Tipp:** Die Mehlklöße passen hervorragend als Beilage zur Linsensuppe von S. 10 oder zu verschiedenen Braten.

*Heidi Eichenmüller, Lern- & Erlebnishof Eichenmüller, Erlangen*

# Kolbs Brezenknödel

Für 6–8 Personen:

10 Brezen vom Vortag
1 mittelgroße Zwiebel
100 g Butter
800 ml Vollmilch
1 Bund Petersilie
½ TL Pfeffer aus der Mühle
Salz
½ TL geriebene Muskatnuss
4 große Eier

Die Brezen in haselnussgroße Stücke schneiden und in eine Schüssel füllen. Die Zwiebel schälen, würfeln und bei niedriger Temperatur in der Butter glasig anschwitzen. Die Milch zufügen, alles zusammen aufkochen und über die Brezenwürfel gießen. Petersilie waschen, trocken schütteln, hacken und mit den Gewürzen zur Brezenmasse geben. Etwa 10 Minuten bei Raumtemperatur abkühlen lassen. Die Eier hineinschlagen und alles mit den Händen gründlich verkneten. Tennisballgroße Knödel formen und in siedendem Salzwasser ca. 15 Minuten gar ziehen lassen, nicht aufkochen!

**Tipp:** Die Brezenknödel als Beilage zu einem Braten servieren.

*Andreas Fehr, Brezen Kolb, Nürnberg*

# Rohe Klöße

Für 4–6 Personen:

3 kg mehligkochende Kartoffeln
10 g Schwefelblättchen (aus der Apotheke oder dem Drogeriemarkt), alternativ Knödelweiß
Salz
ca. 250–400 ml Milch
1–2 Scheiben Toastbrot
1 EL Butter oder neutrales Pflanzenöl

*Entsafter*

Etwas mehr als 2 kg der Kartoffeln schälen, waschen und in einen dicht schließenden Topf geben (kein Plastik!). Eine der Kartoffeln etwas einritzen, den Schwefel hineinstecken, mit einem Streichholz anzünden und den Deckel sofort schließen. Nach 20 Minuten den Topf öffnen, das abgebrannte Schwefelstückchen entfernen und die Kartoffeln unter kaltem Wasser dreimal abwaschen.
In der Zwischenzeit die restlichen Kartoffeln schälen, waschen und weich kochen. Die geschwefelten Kartoffeln mit einem Entsafter auspressen. Die Flüssigkeit dabei auffangen, etwa 10 Minuten stehen lassen und dann vorsichtig abgießen – am Boden sammelt sich Stärke, die für die Konsistenz der Klöße wichtig ist. Die entsafteten Kartoffeln (Trester) in eine Schüssel geben. Sie müssen gut trocken sein – auch hier auf die Stärke achten, welche sich noch mal im Behälter des Entsafters sammelt.
Die Milch in einem Topf erhitzen. Die gekochten Kartoffeln durch eine Presse auf die entsafteten Kartoffeln drücken, salzen und mit heißer Milch mäßig übergießen. Dabei nicht zu viel Milch nehmen, lieber noch mal nachgießen. Etwas abkühlen lassen, dann die gesammelte Stärke zugeben und alles mit den Händen gut durchkneten, bis der Kartoffelteig geschmeidig ist.
Das Toastbrot in Würfel schneiden und in der Butter goldbraun braten.
Mit nassen Händen aus dem Teig Klöße formen und die Brotwürfel in die Mitte einarbeiten. Die Klöße in kochendes Salzwasser einlegen und ca. 20–30 Minuten leise gar ziehen lassen.

**Tipp:** Am besten möglichst alte Kartoffeln verwenden, da diese viel Stärke besitzen.

*Renate Rothascher, Stadeln*

# Coburger Majorsklöße

Für 4 Personen:

1 kg Kartoffeln
Salz
250 g Kartoffelmehl

*Kartoffelpresse*

Die Kartoffeln schälen und waschen. In einem Topf ausreichend Salzwasser zum Kochen bringen und die Kartoffeln darin bei mittlerer Hitze 15–20 Minuten weich garen, dann mit einem Schaumlöffel herausheben. Das Wasser im Topf weiterhin leicht köcheln lassen. Die Kartoffeln durch eine Presse drücken, salzen und gründlich mit dem Kartoffelmehl vermengen. Die Masse mit etwas Kartoffelwasser vorsichtig brühen und gut durchmengen, damit sie eine zähe Konsistenz erhält.
Aus dem Teig etwa tennisballgroße Klöße formen und in kochendem (nicht sprudelndem!) Salzwasser ca. 15–20 Minuten gar ziehen lassen.

**Tipp:** Passt perfekt als Beilage zur Sauren Lunge mit Herz von S. 73.

*Andrea Fischer, Fürth*

# Cadolzburger Kartoffelgratin

Für 4 Personen:

200 g Crème fraîche
200 g Sauerrahm
400 ml Fleischbrühe
1 kg mittelgroße Kartoffeln
1 Zweig Rosmarin
5 Scheiben Toastbrot
50 g Butter
100 g Schinkenwürfel

Den Backofen auf 200 °C (Ober-/Unterhitze) vorheizen. Crème fraîche, Sauerrahm und Brühe verrühren und in eine Auflaufform gießen.
Die Kartoffeln gut waschen, dann mehrfach mit ca. 2 mm Abstand einschneiden, aber nicht ganz durchschneiden. Mit der eingeschnittenen Seite nach oben nebeneinander in die Form setzen und ca. 45 Minuten im Ofen backen, bis sie fast gar sind.
Den Rosmarin waschen, trocken schütteln, die Nadeln abzupfen und hacken. Das Toastbrot in Würfel schneiden. Die Butter in einer Pfanne zerlassen und Rosmarin, Brot- und Schinkenwürfel darin kurz anrösten. Die Mischung auf den Kartoffeln verteilen und im Ofen garen, bis die Brotwürfel goldbraun sind.

*Gerlinde Herz, Cadolzburg*

# Baggers (Fränkische Kartoffelpuffer)

Für 4 Personen:

1 kg mehligkochende Kartoffeln
Salz
etwas geriebene Muskatnuss
1 Ei
Butterschmalz oder Frittierfett zum Ausbacken

Die Kartoffeln schälen, waschen und auf einer Kartoffelreibe grob raspeln. Mithilfe eines Siebes oder, noch besser, mit einem Kartoffelsäckchen die Flüssigkeit herausdrücken. Die Masse sollte möglichst trocken sein. Das Kartoffelwasser dabei in einer Schüssel auffangen und ca. 10 Minuten stehen lassen, damit sich die Stärke absetzen kann. Anschließend das Wasser vorsichtig abgießen, sodass die Stärke am Schüsselboden zurückbleibt.
Die Kartoffelmasse mit der Stärke vermengen und mit Salz sowie etwas Muskatnuss würzen. Das Ei einarbeiten. Sollte der Teig sehr flüssig sein, nur das Eigelb verwenden.
Ausreichend Fett in einer Pfanne erhitzen. Mit einem Löffel beliebig große Kartoffelplätzchen abstechen, in die Pfanne geben, flach drücken und von beiden Seiten goldbraun backen.

**Tipp:** Baggers können auch im Waffeleisen ausgebacken werden. So erhält man fünf gleich große Stücke und das Kochfeld bleibt sauber! Die Kartoffelpuffer eignen sich auch als Knödelersatz zum Braten.

*Lothar Glaß, Herzogenaurach*

# Country Potatoes

Für 4 Personen:

5–6 Kartoffeln
4 TL Olivenöl
100 g geriebener Parmesan
1 ½ TL Salz
2 TL Knoblauchpulver
2 TL italienische oder sonstige getrocknete Kräuter
1 Prise Chilipulver (nach Belieben)

Den Backofen auf 185 °C (Ober-/Unterhitze) vorheizen. Ein Backblech mit Backpapier auslegen.
Die Kartoffeln gründlich sauber schrubben, mit Schale jeweils in 6–8 Spalten schneiden und in eine Schüssel mit Deckel geben. Das Öl zufügen, den Deckel schließen und schütteln, bis die Kartoffeln rundum geölt sind. Den Parmesan darüberstreuen und nochmals kräftig schütteln, bis die Kartoffeln auch mit dem Käse überzogen sind. Salz, Knoblauchpulver, Kräuter und nach Belieben Chili mischen und die Spalten damit würzen.
Die Kartoffeln mit der Schalenseite nach unten nebeneinander auf dem Backblech verteilen und 25–35 Minuten im Ofen goldbraun backen.

**Tipp:** Die Country Potatoes passen sehr gut zum American Burger von S. 61.

*Anne Leichtenstern, Prebitz*

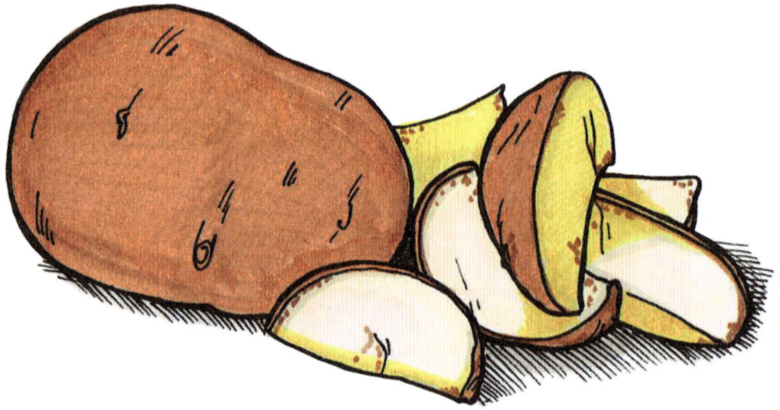

# Kartoffelsalat

Für 4 Portionen:

1 kg festkochende Kartoffeln (z. B. Selma)
1 Zwiebel
4 EL Öl
100–150 ml Fleisch- oder Gemüsebrühe
3 EL Kräuteressig
Salz und Pfeffer aus der Mühle

Die Kartoffeln waschen und in einem Topf ca. 20 Minuten kochen. Mit kaltem Wasser abschrecken, pellen und in Scheiben schneiden. Die Zwiebel schälen, fein würfeln, in 1 EL Öl glasig dünsten und über die Kartoffeln geben. Die Brühe erhitzen und mit dem restlichen Öl sowie Essig vorsichtig unter die Kartoffeln mischen. Den Salat etwas durchziehen lassen, dann mit Salz und Pfeffer abschmecken.

**Tipp:** Wer mag, mischt etwas Feldsalat (im Winter) oder fein gehobelte Gurke (im Sommer) unter den Salat. Für eine deftigere Variante zusammen mit der Zwiebel etwas durchwachsenen Speck anbraten.

*Richard Meier, Kräuter und Gemüse Meier, Buch*

# Chinakohlsalat mit Putenstreifen

Für 4 Personen:

2–3 Mandarinen
200 g Naturjoghurt
100 g Sahne
1–2 EL weißer Balsamicoessig
1 TL Senf
Salz und Pfeffer aus der Mühle
1 Prise Zucker
1 Chinakohl
400 g Putenschnitzel
2 EL Öl
2 Scheiben Toastbrot (oder 1 Brötchen)
1 EL Butter
50 g (nicht zu kräftiger) geriebener Käse
1 Handvoll Radieschensprossen

Die Mandarinen schälen und in Spalten teilen, große Exemplare halbieren. Joghurt, Sahne, Balsamico, Senf, Gewürze und etwas Zucker zu einem Dressing verrühren und abschmecken. Den Chinakohl waschen und in Streifen schneiden. Die Putenschnitzel in Streifen schneiden. Das Öl in einer Pfanne erhitzen, das Fleisch darin anbraten, mit Salz und Pfeffer würzen und wieder herausnehmen. Das Toastbrot würfeln. Die Butter im Bratfett zerlassen und die Toastwürfel darin goldbraun rösten. Den Chinakohl mit Mandarinen und Dressing vermischen und auf Tellern anrichten. Putenstreifen, Croûtons, Käse und Sprossen darauf verteilen und den Salat servieren.

*Richard Meier, Kräuter und Gemüse Meier, Buch*

# Krautsalat

Für 6–8 Personen:

Für den Salat:
1 Kopf Weißkraut
1 Zwiebel
½ TL Kümmel (nach Belieben)
geröstete Schinkenspeck-Würfel (nach Belieben)

Für die Marinade:
etwas Essig
1 Prise Zucker
Salz und Pfeffer aus der Mühle
100 ml Öl

Die äußeren Blätter des Weißkrauts entfernen, den Rest fein hobeln und waschen. Die Zwiebel schälen und dazuhobeln. Kräftig durchkneten, bis der Kohl weich ist. Nach Belieben Kümmel untermischen.
Für die Marinade 500 ml Wasser mit einem Schuss Essig, etwas Zucker, Salz, Pfeffer und Öl aufkochen und die Krautmischung damit überbrühen. 24 Stunden ziehen lassen.
Wer es gerne deftig mag, gibt noch geröstete Schinkenspeck-Würfel in den Salat.

**Tipp:** Der leckere Krautsalat passt sehr gut zu Schweinebraten oder Spanferkel.

*Familie Hornig, Cadolzburg*

# Krautsalat mit gerösteten Cashewkernen

Für 4–6 Personen:

½ Kopf Weißkraut
1 TL Salz
150 g Cashewkerne
Weißweinessig
Salz und Pfeffer aus der Mühle

Den Backofen auf 150 °C (Ober-/Unterhitze) vorheizen. Das Weißkraut putzen, fein hobeln, waschen und mit dem Salz verkneten, bis das Kraut weich ist. Die Cashewnüsse zerkleinern, auf einem mit Backpapier ausgelegten Backblech verteilen und ca. 15 Minuten im Ofen goldbraun rösten. Noch warm unter das Weißkraut mischen und den Salat mit Weißweinessig, Salz und Pfeffer abschmecken.

**Tipp:** Der Krautsalat mit gerösteten Cashewkernen passt optimal zum American Burger von S. 61.

*Anne Leichtenstern, Prebitz*

# Feldsalat mit Obst, Nüssen und Rehsalami

Für 4 Personen:

280 g Feldsalat
4 getrocknete Feigen
50 g Walnusskerne
80–100 g Rehsalami
Kerne von ½ Granatapfel

Für das Dressing:
6 EL Olivenöl
4 EL Balsamfruchtessig oder Crema (Feige oder Waldfrucht)
etwas weißer Balsamicoessig
Salz und Pfeffer aus der Mühle

Den Feldsalat putzen, waschen und in der Salatschleuder trocknen. Die Feigen in Stücke schneiden und zusammen mit den Walnüssen unter den Feldsalat heben.
Für das Dressing Olivenöl, Balsamfruchtessig und Balsamico miteinander verrühren und mit Salz und Pfeffer abschmecken. Mit dem Feldsalat mischen und auf Tellern anrichten. Die Wurst in Scheiben schneiden und den Salat mit Salami sowie Granatapfelkernen garnieren.

**Tipp:** Dazu passt frisches Baguette oder Walnussbrot.

*Ute Schlegel, Schlegels Genussmanufaktur »Die Wurschtler«, Dachsbach*

# Chicorée-Apfel-Salat

Für 4 Personen:

600 g Chicorée
1–2 Bio-Äpfel
2 EL Zitronensaft
4 EL gehackte Walnusskerne
200 g saure Sahne
1 EL scharfer Senf
2 EL Rapsöl
Salz und Pfeffer aus der Mühle
Schnittlauchröllchen zum Garnioron

Den Chicorée waschen, putzen und längs halbieren. Den Strunk entfernen und den Salat in einzelne Blättchen teilen. Die Äpfel waschen, in feine Scheiben hobeln, mit Zitronensaft beträufeln und zum Chicorée geben. Die Walnüsse in einer Pfanne ohne Fett kurz rösten. Saure Sahne, Senf und Öl zu einem Dressing verrühren und mit Salz und Pfeffer abschmecken. Den Salat auf einer Platte anrichten, das Dressing darübergießen und mit Walnüssen und Schnittlauch garniert servieren.

*Melanie Hofmann, Ferienhäuser zur Schäferei, Mitwitz*

# Wirsingsalat mit Birne

Für 4 Personen:

1 kleiner Kopf Wirsing
1 Birne
1 EL Zitronensaft
Essig
Öl
Salz und Pfeffer aus der Mühle
1 Prise Zucker
Birnensaft (nach Belieben)

Den Wirsing putzen, waschen und in dünne Streifen schneiden, dabei die dicken Blattrippen entfernen. Den Kohl mit kochendem Wasser überbrühen und etwas abkühlen lassen. Die Birne schälen, entkernen, klein schneiden und mit Zitronensaft mischen. Aus Essig, Öl, Salz, Pfeffer, Zucker und nach Belieben Birnensaft ein Dressing anrühren und mit dem Wirsing und der Birne vermengen. Abschmecken und vor dem Servieren gut durchziehen lassen.

*Richard Meier, Kräuter und Gemüse Meier, Buch*

# Bamberger Wirsinggemüse

Für 4 Personen:

½ mittelgroßer Kopf Bamberger Spitzwirsing
½ Zwiebel
50 g Butter
60 g Mehl
800 ml milde Gemüse- oder Fleischbrühe
Salz und Pfeffer aus der Mühle
etwas geriebene Muskatnuss

Den Wirsing putzen, waschen und klein schneiden, dabei die dicken Blattrippen entfernen. In einem Topf in kochendem Wasser blanchieren, danach sofort mit kaltem Wasser (am besten mit Eiswürfeln) abschrecken. In einem Sieb abtropfen lassen und anschließend fein hacken. Die Zwiebel schälen, in Würfel schneiden, in Butter andünsten und das Mehl unter ständigem Rühren löffelweise einrieseln lassen. Mit Brühe ablöschen, kurz aufkochen, den Wirsing hinzufügen und köcheln lassen, bis die gewünschte Konsistenz erreicht ist. Mit Salz, Pfeffer und Muskatnuss abschmecken.

**Tipp:** Passt als Beilage hervorragend zu Oma Lottes ofenfrischer Bauernente von S. 78.

*Bernd Andres, Gutshof Andres, Kirchlauter*

# Schlappkraut (Weinkraut)

Für 6–8 Personen:

1 Kopf Weißkraut
1–2 EL Gänse- oder anderes Fett
Salz und Pfeffer aus der Mühle
1 Prise Zucker
½ EL Kümmel
1 TL Gemüsebrühpulver
20 g Speisestärke
1–2 Zwiebeln
1 EL Butterschmalz
125 ml Weißwein

Das Weißkraut vierteln, vom Strunk befreien und so fein wie möglich schneiden oder hobeln, anschließend gründlich waschen. Das Fett in einer Pfanne zerlassen und das tropfnasse Kraut hinzugeben. Bei Bedarf etwas heißes Wasser zugießen. Das Kraut mit Salz, Pfeffer, Zucker, Kümmel und Gemüsebrühpulver würzen und abgedeckt mindestens 60–70 Minuten weich garen.
Die Speisestärke mit 3 EL kaltem Wasser anrühren, zum Kraut geben und weiterköcheln. Die Zwiebeln schälen, fein würfeln und in einer separaten Pfanne in etwas Butterschmalz goldgelb braten. Mit dem Weißwein zum Kohl geben und ohne Deckel ca. 10 Minuten bei mittlerer Hitze einkochen lassen.

**Tipp:** Dazu schmecken Baggers (siehe S. 31) oder Salzkartoffeln und Fleischküchle.

*Erna Lanzer, Bayreuth*

# Pastinaken-Rösti

Für 4 Personen:

500 g Pastinaken
2 EL saure Sahne
1 Eigelb
Salz
1 Prise Zucker
etwas geriebene Muskatnuss
Sonnenblumenöl zum Ausbacken

Die Pastinaken schälen und fein raspeln oder in sehr feine Streifen schneiden. Saure Sahne und Eigelb untermischen. Mit Salz, etwas Zucker und Muskatnuss abschmecken. Ausreichend Öl in einer Pfanne erhitzen. Mit einem Esslöffel Nocken aus der Pastinakenmasse stechen und in der Pfanne mithilfe zweier Löffel zu Talern formen. Von beiden Seiten kross ausbacken. Auf Küchenpapier abtropfen lassen.

**Tipp:** Die Rösti eignen sich als Beilage zu fast allen Gerichten oder Salaten.

*Richard Meier, Kräuter und Gemüse Meier, Buch*

# Pastinaken-Chips

Für 4 Personen:

500 g Pastinaken
500 ml Sonnenblumenöl

Die Pastinaken gründlich säubern. Junge Wurzeln mit, große ohne Schale in dünne Scheiben hobeln. Das Öl in einer Pfanne erhitzen und die Pastinakenscheiben darin beidseitig goldbraun frittieren. Mit einem Schaumlöffel herausheben und auf Küchenpapier abtropfen lassen.

**Tipp:** Zu der feinen Leckerei kann z. B. Apfelmus gereicht werden.

*Richard Meier, Kräuter und Gemüse Meier, Buch*

# Ofengemüse

Für 4 Personen:

8 mittelgroße Kartoffeln
8 Karotten
½ mittelgroßer Hokkaido-Kürbis
2 Zwiebeln
4 Knoblauchzehen
150–200 ml Olivenöl
2 EL getrocknete Kräuter (z. B. Oregano, Rosmarin, Thymian)
Salz und Pfeffer aus der Mühle

Den Backofen auf 200 °C (Ober-/Unterhitze) vorheizen. Ein Backblech mit Backpapier auslegen.
Die Kartoffeln gründlich sauber schrubben und längs achteln. Die Karotten schälen und in 1–2 cm dicke Scheiben schneiden. Den Kürbis waschen, entkernen und in Schnitze, die Zwiebeln schälen und in Ringe schneiden. Den Knoblauch schälen und vierteln. Das Gemüse mit Öl, Kräutern und Gewürzen in einer großen Schüssel gut mischen und auf dem Backblech verteilen. Etwa 30 Minuten im Ofen backen.

**Tipp:** Zum Ofengemüse passen die Ziegenfrischkäsedips von S. 24 sehr gut.

*Andrea Spoerry-Bonn, Bioland-Ziegenhof »Der Reimehof«, Kirchensittenbach*

# Couscous-Auflauf

Für 4 Personen:

600 ml Gemüsebrühe
400 g Couscous
30 g gehobelte Mandeln
3–4 Stängel Petersilie
2 Zucchini
1 Aubergine
2 Paprikaschoten
Pflanzenöl
Salz und Pfeffer aus der Mühle
200 g Fetakäse

Die Gemüsebrühe in einem Topf aufkochen. Den Couscous zugeben und quellen lassen. Die Mandeln trocken in einer Pfanne rösten, bis sie duften. Die Petersilie waschen, trocken schütteln und hacken. Zucchini, Aubergine und Paprika waschen, putzen, alles würfeln und in einer Pfanne in etwas Öl anbraten. Mit Salz und Pfeffer würzen.
Den Ofen auf 180 °C (Ober-/Unterhitze) vorheizen. Eine Auflaufform fetten.
Die Hälfte des Couscous in die Auflaufform füllen. Gemüse, Mandeln und die Hälfte der Petersilie darauf verteilen, dann den restlichen Couscous. Den Feta zerkrümeln und über den Auflauf streuen. Im Ofen ca. 25 Minuten backen, dann mit restlicher Petersilie garnieren und servieren.

**Tipp:** Der Auflauf kann auch mit angebratenem Hähnchenfleisch ergänzt werden.

*Gerlinde Herz, Cadolzburg*

# Bohnapfiffer

Für 4 Personen:

500 g grüne Bohnen
Salz
etwas Bohnenkraut
6 Eier
3 EL Milch
Salz und Pfeffer aus der Mühle
1 EL Butter oder Schmalz

Die Bohnen putzen, waschen und klein schneiden. Ausreichend Salzwasser mit Bohnenkraut in einem Topf zum Kochen bringen und die Bohnen darin ca. 10 Minuten weich garen, anschließend abgießen und abtropfen lassen.
In einer Schüssel die Eier mit Milch, Salz und Pfeffer verquirlen und zur Seite stellen.
Die Butter in einer Pfanne erhitzen und die Bohnen darin schwenken. Die Eimasse darübergießen und bei milder Hitze stocken lassen. Die Bohnapfiffer sofort servieren.

**Tipp:** Salz- oder Röstkartoffeln passen gut dazu.

*Erna Lanzer, Bayreuth*

# Mediterran gefüllte Teigtaschen

Ergibt ca. 25 Teigtaschen:

Für den Teig:
250 g weiche Butter
250 g Weizenmehl (Type 1050)
250 g Speisequark

Für die Füllung:
100 g getrocknete Tomaten in Öl (aus dem Glas)
100 g entsteinte schwarze Oliven
400 g Fetakäse
getrocknete mediterrane Kräuter

Außerdem:
1 Eigelb
etwas Sahne

*runde Ausstechform (ca. 8 cm Ø)*

Für den Teig Butter, Mehl und Quark miteinander vermengen. In drei gleich große Portionen teilen und 1 Stunde im Kühlschrank ruhen lassen.
Für die Füllung die getrockneten Tomaten abtropfen und zusammen mit den Oliven klein würfeln. Mit dem Feta cremig rühren und mit Kräutern abschmecken.
Den Backofen auf 180 °C (Ober-/Unterhitze) vorheizen. Ein Backblech mit Backpapier auslegen.
Den Teig portionsweise dünn ausrollen und insgesamt etwa 25 Kreise ausstechen. Jeweils eine Kreishälfte mit etwas Füllung versehen, die andere Hälfte darüberklappen und fest andrücken, z. B. mit einer Gabel. Das Eigelb mit etwas Sahne verquirlen und die Taschen damit bestreichen. Nebeneinander auf das Backblech setzen und ca. 20 Minuten im Ofen goldbraun backen.

**Tipp:** Die Teigtaschen eignen sich als Vorspeise mit Salat oder auf Platten angerichtet für ein Büfett.

*Jutta Horneber, Roßtal*

# Gefüllte Gurken

Für 4 Personen:

Salz
125 g Langkornreis
150 g Bacon
(Frühstücksspeck)
1 Gemüsezwiebel
400 g Champignons
50 g geriebener Parmesan
Pfeffer aus der Mühle
etwas Butter
2 Salatgurken
100 g mittelalter Gouda
125 ml Gemüsebrühe

In einem Topf Salzwasser zum Kochen bringen und den Reis darin 10 Minuten ziehen lassen.
Den Bacon würfeln und in einer Pfanne ohne Fett goldbraun auslassen. Die Zwiebel schälen, die Champignons trocken abreiben, putzen und alles klein schneiden. Zusammen mit Reis und Parmesan zum Bacon geben, salzen, pfeffern und kurz anbraten.
Den Backofen auf 200 °C (Ober-/Unterhitze) vorheizen. Eine Auflaufform (mit Deckel) mit Butter fetten. Die Gurken schälen, längs halbieren und die Kerne mit einem Löffel herausschaben. Die Gurkenhälften salzen und mit der vorbereiteten Füllung versehen. Den Käse reiben. Die Brühe in die Form gießen, die Gurkenhälften hineinlegen und abgedeckt ca. 30 Minuten im Ofen garen. Anschließend mit Gouda bestreuen und ohne Deckel weitere 5 Minuten überbacken.

*Erna Lanzer, Bayreuth*

# Lachsröllchen mit Sahnemeerrettich

Für 4 Personen:

250 g Räucherlachs in
Scheiben
125 g Sahne
1–2 EL Gemüsemeerrettich
(aus dem Glas)
Salz
1 Prise Zucker
Zitronensaft
grüne Salatblätter zum
Servieren

*Zahnstocher*

Die Lachsscheiben nebeneinander auf einem Brett ausbreiten. Die Sahne steif schlagen, mit Meerrettich mischen und mit Salz, Zucker und Zitronensaft abschmecken. Den Lachs mit der Meerrettichsahne bestreichen, eng aufrollen, mit Zahnstochern feststecken und auf Salatblättern servieren.

*Ramona Lutz, Aischtaler Meerrettich- u.
Konservenfabrik Lutz, Uehlfeld*

# Grüne Semmeln

Ergibt 10–20 Stück:

50 g Haferflocken
150 g Weizen
ca. 25 g Giersch
150 g Weizenmehl
100 g Roggenmehl
1 EL Leinsamen
1 EL Sesam
½ Würfel frische Hefe
2 TL Salz

Haferflocken und Weizen fein mahlen. Den Giersch waschen, trocken schütteln und fein hacken.
Haferflocken, Weizen, Giersch und die restlichen Zutaten mit 320 ml Wasser zu einem Knetteig verarbeiten und in einer Schüssel mit Deckel im Kühlschrank 24 Stunden gehen lassen. Es kann sein, dass der Deckel aufgedrückt wird, dann einfach wieder auf die Schüssel setzen und schließen.
Am nächsten Tag den Backofen auf 220 °C (Ober-/Unterhitze) vorheizen. 10 große oder 20 kleine Semmeln vom Teig abstechen (bspw. mit einer Teigkarte) und im Ofen ca. 15–20 Minuten (je nach gewünschter Knusprigkeit) backen.

**Tipp:** Die Semmeln schmecken hervorragend mit Löwenzahnbutter (siehe S. 24) bestrichen.

*Steffi Wening, Stophelhof, Heilsbronn*

# Dinkelvollkornbrot

Ergibt 1 Brot:

½ Würfel frische Hefe oder
  1 Pck. Trockenhefe
1 TL Zucker
1 EL Magerquark
150 g Dinkelmehl
  (Type 630)
500 g Dinkel-Vollkornmehl
100 g Sonnenblumenkerne
3 TL Salz

*Kastenform (30 cm)*
*Fett für die Form*

Hefe, Zucker, Quark und Dinkelmehl (Type 630) mit 500 ml warmem Wasser (ca. 35 °C) verrühren und 20 Minuten ruhen lassen. Die restlichen Zutaten einkneten und den Teig weitere 30 Minuten an einem warmen Ort gehen lassen.
Die Kastenform gut fetten, den Teig einfüllen und sofort in den kalten Backofen schieben.
Den Ofen auf 250 °C (Ober-/Unterhitze) oder 220 °C (Umluft) erhitzen und das Brot auf unterster Schiene 60 Minuten backen.

*Susanne Winkler, Winkler-Mühle, Gustenfelden*

# Hauptspeisen

# Fleisch & Geflügel

## Lammbraten vom Coburger Fuchsschaf

Für 4–6 Personen:

1 ½ kg Lammbraten (Schulter, Keule, Nacken, Haxen, …)
5 EL Olivenöl
1 Zwiebel
4 Knoblauchzehen
Salz und Pfeffer aus der Mühle
3 Zweige Rosmarin
3 Zweige Thymian
400 g geschälte Tomaten (aus der Dose)
1 Bio-Zitrone
375 ml trockener Rotwein

Den Backofen auf 200 °C (Ober-/Unterhitze) vorheizen. Das Lammfleisch trocken tupfen. Olivenöl in einem gusseisernen Bräter erhitzen. Zwiebel und Knoblauch schälen, hacken und im Öl andünsten. Das Fleisch dazugeben, mit Salz und Pfeffer würzen und rundherum anbraten. Die Kräuter waschen, Nadeln bzw. Blättchen abzupfen und mit den Dosentomaten hinzufügen. Die Zitrone waschen, in Scheiben schneiden und auf dem Fleisch verteilen. Ein Drittel des Rotweins angießen, kurz aufkochen, dann den Bräter abgedeckt für 2 Stunden in den Ofen schieben. Während der Garzeit nach und nach den restlichen Rotwein zugießen. Nach etwa 1 ½ Stunden den Deckel entfernen, um das Fleisch zu bräunen.

**Tipp:** Ich verwende am liebsten das Fleisch vom Coburger Fuchsschaf. Zum Lammbraten passen Rosmarinkartoffeln, Weißbrot und ein Glas Rotwein.

*Stefan Igelhaut, Obstbaumpflege und Imkerei, Oberferrieden*

# Irish Stew

Für 4 Personen:

500 g Schaffleisch (von einer Fleisch-Schafrasse, kein Rhönschaf)
600 g Kartoffeln
200 g Karotten
1 große Zwiebel (ca. 300 g)
½–1 l Gemüsebrühe (je nach Größe der Form)
5–6 Zweige Thymian
Salz
Petersilie und Schnittlauchröllchen zum Garnieren

Das Fleisch von Fett und Sehnen befreien und in Scheibchen (ähnlich wie für ein Fondue) schneiden. Kartoffeln und Karotten schälen, waschen und in nicht zu dünne Scheiben, die Zwiebel schälen und in Ringe schneiden.
Den Backofen auf 175 °C (Ober-/Unterhitze) vorheizen. Die Gemüsebrühe in einem Topf erhitzen.
Thymian waschen, trocken schütteln und die Blättchen abzupfen. Den Boden eines großen Bräters mit Kartoffelscheiben auslegen, darauf Fleisch, Zwiebeln und Karotten verteilen. Alles mit Salz und Thymian bestreuen. In dieser Reihenfolge weiterschichten, bis alle Zutaten verbraucht sind. Zum Schluss die heiße Brühe darübergießen und den Eintopf abgedeckt ca. 1 ½–2 Stunden im Ofen garen. Ab und zu kontrollieren, ob noch genug Flüssigkeit im Topf ist, bei Bedarf heiße Brühe oder Wasser nachgießen. Wenn die Kartoffeln leicht zerfallen, macht das den Eintopf nur noch leckerer.
Das Irish Stew vor dem Servieren mit Petersilie und Schnittlauch garnieren.

**Tipp:** Fleisch-Schafrassen haben in der Regel marmoriertes Fleisch, d. h. das Fleisch ist von feinen Fettadern durchzogen. Deswegen eignen sich für solche Schmorgerichte Fleischschafe hervorragend. Das Fleisch vom Rhönschaf ist dafür zu mager und wird daher relativ zäh.

*Verena Heidenreich, Mellerschter Schafhof, Mellrichstadt*

# Zickleinbraten à la Reimehof

Für 4 Personen:

Olivenöl
2 Zwiebeln
3 Karotten
½ Knollensellerie
1 Petersilienwurzel
ca. 1 kg Bratenstück vom Bio-Zicklein
500 ml trockener Rotwein, plus mehr bei Bedarf
3 EL Tomatenmark
2 Zweige Rosmarin
2 Lorbeerblätter
2 Wacholderbeeren
2 Pimentkörner
Salz und Pfeffer aus der Mühle
200 g Sahne

Den Backofen auf 100 °C (Ober-/Unterhitze) vorheizen. In einem Schmortopf oder Bräter eine gute Menge Olivenöl erhitzen. Die Zwiebeln schälen, fein hacken und kräftig darin anschwitzen. Karotten, Knollensellerie und Petersilienwurzel schälen und in Scheiben schneiden bzw. würfeln. Das Gemüse kurz mitdünsten. Das Bratenfleisch abtupfen und im Topf rundum kräftig anbraten. Mit Rotwein ablöschen. Tomatenmark, Rosmarinzweige, Lorbeerblätter, Wacholderbeeren und Pimentkörner zugeben und alles mit Salz und Pfeffer würzen. Den Braten abgedeckt im Ofen 2–3 Stunden schmoren. Alle 30 Minuten mit der Suppenkelle Garflüssigkeit über das Fleisch schöpfen, bei Bedarf mehr Rotwein zugießen.
Anschließend den Braten aus dem Topf nehmen und zur Seite stellen. Die Gewürze aus dem Sud fischen und das Gemüse mit der Bratflüssigkeit pürieren. Die Sahne hinzugießen und die Sauce erneut kurz erwärmen. Nach Belieben mit Wasser etwas verflüssigen und abschmecken. Das Fleisch in Scheiben schneiden und mit der Sauce servieren.

**Tipp:** Dazu passen Reis, Kartoffelstampf oder Bandnudeln.

*Andrea Spoerry-Bonn, Bioland-Ziegenhof »Der Reimehof«, Kirchensittenbach*

# Kaninchen mit Schuss

Für 6 Personen:

1 Kaninchen (ca. 1,7–2 kg)
Salz und Pfeffer aus der Mühle
1 Zwiebel
1 Knoblauchzehe
125 g Frühstücksspeck (Bacon)
200 g Champignons
4 EL Öl
2 EL Weinbrand (z. B. Cognac)
250 ml trockener Weißwein
4 EL passierte Tomaten
1 EL fein gehackte Petersilie
1 TL Thymianblättchen

Das Kaninchen waschen, trocken tupfen und in Stücke teilen. Mit Salz und Pfeffer einreiben. Die Zwiebel schälen und klein hacken. Den Knoblauch schälen und durch die Presse drücken. Den Speck klein würfeln. Die Champignons mit einem Tuch trocken abreiben, putzen und in Scheiben schneiden.
Den Backofen auf 175 °C (Ober-Unterhitze) vorheizen. Das Öl in einem großen Bräter erhitzen und die Kaninchenteile darin rundum anbräunen. Zwiebel, Knoblauch und Speck zugeben und 3 Minuten mitdünsten. Mit Weinbrand ablöschen. Weißwein, passierte Tomaten, Petersilie und Thymian zufügen und alles kurz aufkochen lassen. Den Bräter in den Ofen schieben und das Kaninchen abgedeckt etwa 2 Stunden schmoren. Bei Bedarf Wasser nachfüllen. Etwa 10 Minuten vor Ende der Garzeit die Champignons zugeben und mitbraten.

**Tipp:** Dazu passen Grünkohl, ein grüner Salat sowie Baggers (siehe S. 31).

*Sandra Dressel-Pal, Alpakagut Birkig, Neustadt bei Coburg*

# Hirschtopf

Für 4 Personen:

700–800 g Fleisch vom Rotwild (aus der Keule oder Schulter)
2 Zwiebeln
1 Karotte
150 g Knollensellerie
1 rote Paprikaschote
500 ml Gemüsebrühe
3 EL Öl
1 TL Wildgewürz
1–2 EL Mehl
1 EL Johannis- oder Preiselbeergelee
Salz und Pfeffer aus der Mühle
Rotwein oder Sahne (nach Belieben)

Das Fleisch waschen, trocken tupfen und in mundgerechte Stücke schneiden. Zwiebeln, Karotte und Sellerie schälen, die Paprika waschen und entkernen. Das ganze Gemüse würfeln. Die Brühe in einem Topf zum Kochen bringen.
Das Öl in einer Pfanne erhitzen und das Fleisch darin anbraten. Die Zwiebeln mit anschwitzen, dann das restliche Gemüse zufügen (wer es eher bissfest mag, sollte dies erst 15 Minuten vor Ende der Garzeit tun). Mit heißer Brühe aufgießen, Wildgewürz einstreuen und das Fleisch abgedeckt 50–60 Minuten schmoren. Die Sauce mit Mehl abbinden, das Gelee einrühren und mit Salz und Pfeffer abschmecken. Nach Belieben den Hirschtopf mit etwas Rotwein oder Sahne verfeinern.

**Tipp:** Als Beilage Reis oder Semmelknödel servieren.

*Johannes Welscher, Rotwildgehege Welscher, Kronach*

# Gegrillter Hirschrücken

Für 4 Personen:

ca. 1 kg ausgelöster Hirschrücken
1–2 EL Honig
Pfeffer aus der Mühle
ca. 1 EL getrockneter Thymian
ca. 1 EL getrockneter Rosmarin
Salz

Den Hirschrücken waschen, trocken tupfen, in 2–3 cm dicke Steaks schneiden und in einer Schüssel nach Geschmack mit Honig, Pfeffer und Kräutern marinieren. Das Fleisch 2–3 Stunden im Kühlschrank ruhen lassen.
Den Grill erhitzen und die Steaks auf dem heißen Rost von beiden Seiten jeweils etwa 5 Minuten scharf angrillen. Danach bei gemäßigter Temperatur durchziehen lassen. Nach Belieben medium (leicht rosa), englisch (blutig) oder durchgegart servieren. Die Steaks erst kurz vor dem Verzehr salzen.

**Tipp:** Als Beilage eignen sich grüne Salate (z. B. Rucola mit Tomate, Pinienkernen und Balsamico-Dressing) und ein gutes Holzofenbrot.

*Johannes Welscher, Rotwildgehege Welscher, Kronach*

# Gefüllte Kalbsbrust

Für 4–6 Personen:

1 ½ kg Kalbsbrust
Salz
60 g Butterschmalz
1 Zwiebel
2 Bund Suppengrün
300 g Kalbsknochen
Pfeffer aus der Mühle

Für die Füllung:
2 Semmeln vom Vortag
150 g gekochter Schinken
3 Eier
125 ml Milch
etwas Abrieb von
1 Bio-Zitrone
Salz und Pfeffer aus der
Mühle
frisch geriebene
Muskatnuss
1 kleine Zwiebel
2 EL gehackte Petersilie
20 g Butter

*Küchengarn*

Die Kalbsbrust trocken tupfen und eine Tasche hineinschneiden (oder bereits beim Metzger darum bitten). Innen und außen leicht salzen.
Für die Füllung Semmeln und Schinken in Würfel schneiden. Eier, Milch, Zitronenabrieb und Gewürze verrühren und über die Semmelwürfel gießen. Die Zwiebel schälen, fein hacken und mit Petersilie in Butter andünsten. Zu den Semmeln geben, alles gut vermengen, etwas durchziehen und quellen lassen. Das Fleisch locker mit der Semmelmasse füllen und mit Küchengarn zunähen.
Den Backofen auf 175 °C (Ober-/Unterhitze) vorheizen.
Das Butterschmalz in einem Bräter zerlassen. Zwiebel und Suppengrün putzen, schälen und grob zerkleinern. Zusammen mit den Knochen in den Bräter geben. Das Fleisch mit etwas flüssigem Butterschmalz bestreichen, gut pfeffern und zum Gemüse legen. Etwa 2 Stunden abgedeckt im Ofen garen. Den Braten dabei immer wieder mit der Garflüssigkeit übergießen.

**Tipp:** Dazu passen Kartoffelklöße.

*Kristine Brunner, Fischbach*

# Rinderbraten Burgunder Art

Für 4–6 Personen:

1 Bund Suppengrün
3 Schalotten
1 EL Butterschmalz
1,2 kg Rinderhüfte
2 EL Tomatenmark
2–3 Zweige Thymian
400 ml Rinderbrühe
400 ml Burgunder oder anderer dunkler Rotwein
Salz und Pfeffer aus der Mühle
etwas Speisestärke
1 TL Senf

Den Backofen auf 160 °C (Ober-/Unterhitze) vorheizen. Das Suppengrün waschen, putzen und in grobe Stücke schneiden. Die Schalotten schälen und würfeln. In einem Bräter das Schmalz erhitzen und das Fleisch darin rundum anbraten. Herausnehmen und das Gemüse zusammen mit dem Tomatenmark im Bräter anrösten. Die Thymianzweige waschen und zugeben, dann mit Brühe und Wein ablöschen. Das Fleisch zurück in den Bräter legen und mit Salz und Pfeffer würzen. Abgedeckt 1 ½ Stunden im Ofen garen. Das Fleisch dabei immer wieder mit dem Sud übergießen.

Nach Ende der Garzeit das Fleisch herausnehmen und warm stellen. Den Sud durch ein Sieb in einen Topf passieren, mit etwas Speisestärke abbinden und mit Senf abschmecken. Zum Servieren den Braten in Scheiben schneiden und auf einer Platte anrichten. Mit der Sauce servieren.

**Tipp:** Dazu passen Bandnudeln oder rohe Klöße (siehe S. 29).

*Kristine Brunner, Fischbach*

# Herzhafter Weihnachtsbraten mit Lebkuchennudeln

Für 4 Personen:

500 g Rindfleisch bzw. Rinderbraten
Salz und Pfeffer aus der Mühle
1 Zwiebel
2 Bio-Karotten
1 Paprikaschote
ca. 250 ml Rotwein
250 g Lebkuchennudeln
getrocknete Kräuter (z. B. Thymian, Majoran, Rosmarin oder andere Kräuter, nach Belieben)
4 EL Preiselbeeren (aus dem Glas) zum Servieren

Den Backofen auf 180 °C (Ober-/Unterhitze) vorheizen. Das Fleisch trocken tupfen und mit Salz und Pfeffer würzen. Den Braten in einer Bratreine abgedeckt ca. 1 Stunde im Ofen im eigenen Saft schmoren. Die Zwiebel schälen und in Ringe schneiden. Karotten und Paprika waschen, putzen (bei der Paprika Gehäuse und Kerne entfernen) und in grobe Stücke schneiden. Etwa die Hälfte des Gemüses nach der Stunde zum Braten geben und 1 weitere Stunde abgedeckt garen. Dabei hin und wieder mit etwas Rotwein übergießen.
Die Nudeln in Salzwasser bissfest kochen.
Das Fleisch aus dem Ofen nehmen, warm stellen und den Bratensaft in einen Topf abgießen. Das übrige Gemüse noch kleiner schneiden, zugeben und erhitzen. Den restlichen Wein zufügen. Die Sauce mit Salz und Pfeffer würzen und mit beliebigen Kräutern verfeinern.
Das Fleisch in dünne Scheiben schneiden, auf einer Platte anrichten und mit Sauce sowie Preiselbeeren servieren.

**Tipp:** Lebkuchennudeln gibt es z. B. in unserem »Nudellädchen« in Lohr sowie im Onlineshop.

*Magdalena Bieberstein, Burk's Nudeln, Lohr*

# Sauerbraten

Für 4–6 Personen:

ca. 1,3 kg Rindfleisch
etwas Öl
ca. 1 ½ l Rinderbrühe
200 ml milder Gewürzessig, plus mehr bei Bedarf
2–3 Lorbeerblätter
1 EL Wacholderbeeren
2 Zwiebeln
6 Karotten
1–2 Soßenlebkuchen
200 g Sahne
Salz und Pfeffer aus der Mühle
Sojasauce
ca. 1 EL Zucker
4 EL Preiselbeeren (aus dem Glas) zum Servieren

*Teefilter oder Tee-Ei*

Den Backofen auf 170 °C (Ober-/Unterhitze) vorheizen. Das Fleisch trocken tupfen. Öl im Bräter erhitzen und das Fleisch darin rundum kräftig anbraten. Mit Brühe und Essig ablöschen. Lorbeerblätter und Wacholderbeeren in einem Teefilter dazugeben. Die Zwiebeln schälen und grob zerkleinern. Die Karotten ebenfalls schälen, die eine Hälfte würfeln, die andere halbieren. Zwiebeln und gewürfelte Karotten mit dem Fleisch ca. 3 Stunden im Ofen garen. 20 Minuten vor Ende der Garzeit die restlichen Karotten hinzufügen.
Anschließend Fleisch, Gewürzsäckchen und die halben Karotten aus dem Sud nehmen. Die Soßenlebkuchen würfeln und mit der Sahne zugeben. Alles mit dem Stabmixer zu einer Sauce pürieren. Mit Salz, Pfeffer, Sojasauce, Zucker sowie bei Bedarf mehr Essig abschmecken. Das Fleisch in ca. 1 cm dicke Scheiben schneiden und mit den Karotten zurück in die Sauce geben. Den Sauerbraten mit Preiselbeeren servieren.

**Tipp:** Wir verwenden den selbst gemachten Gewürzessig der Laufer Stadt-Apotheke für den Sauerbraten, es eignet sich aber natürlich auch jeder andere milde Gewürzessig. Man kann den Braten auch gut 1 Tag im Voraus zubereiten, kaltes Fleisch lässt sich besser schneiden. Einfach in der Sauce wieder erwärmen. Dazu Kartoffelklöße reichen.

*Barbara Schlegl, Lauf a. d. Pegnitz*

# Rinderrouladen indisch gewürzt

Für 6 Personen:

Für die Rouladen:
6 Rinderrouladen
Salz
1 kleiner Blumenkohl
3 Karotten
1 Zwiebel
Butterschmalz (Ghee)
100 g gestiftelte Mandeln
2 EL brauner Zucker
Garam Masala (indische Gewürzmischung)

Für die Sauce:
3 Zwiebeln
3–4 Knoblauchzehen
5–6 cm frischer Ingwer
1 EL brauner Zucker
1 ½ EL Speisestärke
2 Tomaten
1 l Gemüse- oder Rinderbrühe
Salz
1 Prise Zucker
Garam Masala

Koriandergrün oder Petersilie zum Garnieren

*Rouladennadeln oder Zahnstocher*

Die Rinderrouladen ausbreiten, leicht salzen und beiseitestellen. Den Blumenkohl putzen und waschen, Karotten und Zwiebel schälen, und alles in kleine Würfel oder Stücke schneiden. Etwas Butterschmalz in einem Topf erhitzen und Gemüse und Mandeln darin anrösten. Mit braunem Zucker, Salz und Garam Masala abschmecken.
Das Gemüse auf den Rouladen verteilen, diese einschlagen, aufrollen und mit einer Rouladennadel fixieren. In einem großen Topf in Butterschmalz rundherum anbraten. Die Rouladen zunächst wieder aus dem Topf nehmen und beiseitestellen.
Für die Sauce Zwiebeln, Knoblauch und Ingwer schälen und in kleine Stücke schneiden. Alles im selben Topf wie das Fleisch anbraten. Braunen Zucker und Speisestärke darüberstreuen und rühren, bis sich eine leichte Bräune am Topfboden bildet.
In der Zwischenzeit die Tomaten kreuzförmig einritzen und für ca. 30 Sekunden mit kochendem Wasser überbrühen, dann kalt abschrecken, häuten, fein hacken und mit dem Gemüse im Topf vermischen. Die Brühe angießen und rühren, bis sich die Bräune vom Topfboden löst. Mit Salz, Zucker und Garam Masala abschmecken.
Die Rouladen zurück in den Topf mit dem Fond geben und etwa 1–1 ½ Stunden im geschlossenen Topf schmoren. Im Bräter sollte sich immer genügend Flüssigkeit befinden, bei Bedarf Wasser nachgießen. Die Rouladen herausnehmen und den Sud durch ein Sieb passieren. Zurück in den Topf gießen, abschmecken und bis zur gewünschten Konsistenz einkochen lassen.
Die Rouladen mit frischem Koriandergrün bestreut servieren.

**Tipp:** Dazu passt Reis oder ein Gurkenraita.

*Carmen Roth, Luisenhof, Eschau*

# Wiener Tafelspitz mit Apfelkren

Für 4 Personen:

750 g Rinderhüfte
1 Zwiebel
1 Lorbeerblatt
2 Gewürznelken
Salz
2 Stangen Lauch
1 kleiner Knollensellerie
2 Karotten
1 kleiner Kopf Wirsing
750 g Kartoffeln

Für den Apfelkren:
1 aromatischer Apfel
(z. B. Golden Delicious)
Saft von ½ Zitrone
(alternativ 1 ½ EL
weißer Essig)
100 g Gemüsemeerrettich
(aus dem Glas)
1 Prise Zucker
Salz

*Küchengarn*

Das Fleisch trocken tupfen. Die Zwiebel schälen, halbieren und mit Lorbeerblatt und Nelken spicken. Beides in einem Topf mit 2 l Salzwasser etwa 1 Stunde leise köcheln lassen.
Inzwischen den Lauch putzen, halbieren, gründlich waschen und mit Küchengarn zusammenbinden. Sellerie und Karotten schälen, den Wirsing entstrunken. Das Gemüse grob zerkleinern, zum Fleisch geben und noch 30 Minuten mitkochen. Die Kartoffeln schälen, waschen und in einem separaten Topf mit Salzwasser etwa 20 Minuten garen.
Den Apfel schälen, entkernen, fein reiben und sofort mit Zitronensaft mischen. Mit Meerrettich vermengen, dann mit Zucker und Salz abschmecken.
Das Rindfleisch in Scheiben schneiden und mit Gemüse und Salzkartoffeln anrichten. Den Apfelkren dazuservieren.

*Ramona Lutz, Aischtaler Meerrettich- u. Konservenfabrik Lutz, Uehlfeld*

# Kalter Tafelspitz in Schnittlauchsauce

Für 12 Personen:

1 Bund Suppengrün
2 kg Tafelspitz (Rinderhüfte)
1 EL Salz

Für die Schnittlauchsauce:
2 große Bund Schnittlauch
2 frische Eigelb
1 TL Senf
Salz und Pfeffer aus der Mühle
Essig
25 ml Öl
200 g saure Sahne
etwas Fleischbrühe

Das Suppengrün putzen, waschen und in grobe Stücke schneiden. Zusammen mit dem Tafelspitz und Salz in kaltem Wasser aufsetzen, erhitzen und ca. 1 ½ Stunden abgedeckt leise köcheln. Anschließend das Fleisch in der Brühe erkalten lassen. Das Fett von der Oberfläche abschöpfen, das Fleisch in dünne Scheiben schneiden und gefächert in eine Auflaufform legen.
Für die Sauce den Schnittlauch waschen und in feine Röllchen schneiden. Danach mit dem Mixer eine Mayonnaise zubereiten. Dazu Eigelbe, Senf, Gewürze und etwas Essig vermengen und unter ständigem Mixen langsam das Öl zugießen. Saure Sahne und etwas kalte Fleischbrühe (Vorsicht, dass die Sauce nicht zu dünnflüssig wird) zugeben. Zum Schluss die Schnittlauchröllchen unterheben und abschmecken.
Vor dem Servieren die Sauce über das kalte Fleisch gießen und mit Frischhaltefolie abgedeckt etwa 1 Stunde im Kühlschrank ziehen lassen.

*Petra Sollmann, Schluckerhof, Thalmässing*

# Bœuf Bourguignon

Für 4–6 Personen:

1 kg Rindfleisch
etwas Öl
250 g magerer geräucherter Schweinebauch (Bündle)
3 große Zwiebeln
1 Lorbeerblatt
1 TL getrockneter Thymian
1 Prise Salz
1 TL Pfefferkörner
600–700 ml Rotwein
300–400 ml Gemüse- oder Fleischbrühe
250 g Champignons
etwas Mehl

Das Rindfleisch trocken tupfen. In einer Pfanne etwas Öl erhitzen und das Fleisch darin anbraten, dann herausnehmen, kurz abkühlen und in Würfel schneiden. Den geräucherten Bauch würfeln und in derselben Pfanne ohne weitere Fettzugabe auslassen. Die Zwiebeln schälen, würfeln und im Speck anbraten. Alles in einen großen Topf (oder Schnellkochtopf) umfüllen und das Fleisch zugeben. Lorbeerblatt, Thymian, Salz und Pfeffer zufügen. Rotwein und Brühe angießen und das Fleisch abgedeckt garen, bis es weich ist. Die Champignons mit einem sauberen Tuch leicht abreiben, putzen, in Scheiben schneiden, kurz in der Pfanne andünsten und zum weichen Fleisch geben. Die Sauce mit etwas Mehl binden und nochmals abschmecken.

**Tipp:** Mit Salzkartoffeln oder Bandnudeln servieren.

*Inge Fleischmann, Markt Erlbach*

# Steaks mit Bier-Honig-Marinade

Für 4 Personen:

Für die Marinade:
150 ml fränkisches Bier
2 EL echter Imker-Honig
3 EL mittelscharfer Senf
Salz und Pfeffer aus der Mühle

Außerdem:
4 saftige Steaks vom Weiderind
etwas Butterschmalz
etwas Butter

Für die Marinade Bier, Honig und Senf gut verquirlen und mit Salz und Pfeffer abschmecken. Die Steaks mit Küchenpapier trocken tupfen und für mehrere Stunden oder über Nacht in der Marinade einlegen. Den Backofen auf 80 °C (Ober-/Unterhitze) vorheizen. Das Butterschmalz sehr heiß in einer Pfanne erhitzen und die Steaks von beiden Seiten ca. 2 Minuten darin anbraten. Auf jedes Steak eine Butterflocke geben und ca. 20–30 Minuten (je nach Dicke der Steaks) im Ofen fertig garen.

**Tipp:** Dazu passen Baguette und ein frischer Salat.

*Norbert und Karina Grellner, Weidehof Grellner, Pottenstein*

# Rindfleisch-Wraps mit eingelegten Gurken

Für 2 Personen:

Für die Marinade:
2 cm frischer Ingwer
1 Knoblauchzehe
30 ml Sojasauce
½ EL Öl
250 g Rinderfilet

Für die Füllung:
½ Bio-Gurke
½–1 rote Chilischote (je nach Schärfegrad)
1 Frühlingszwiebel
1–2 EL Essig
1 TL Zucker
Salz und Pfeffer aus der Mühle

Außerdem:
1 Salatherz
4 Weizen-Wraps

Für die Marinade den Ingwer schälen und fein reiben. Den Knoblauch abziehen und durch eine Presse drücken. Ingwer, Knoblauch, Sojasauce und Öl in einer Schüssel gründlich vermengen. Das Rindfleisch mit Küchenpapier trocken tupfen, in feine Streifen schneiden und 10 Minuten in der Marinade ziehen lassen, zwischendurch wenden.
Die halbe Gurke waschen und längs halbieren. Mit einem Löffel die Kerne herausschaben und die Gurke in dünne Scheiben schneiden. Die Chili waschen, entkernen und fein hacken. Die Frühlingszwiebel waschen, putzen und längs in feine Streifen schneiden. Gurke, Chili und Frühlingszwiebel mit Essig, 1 TL Wasser und Zucker in einer Schüssel vermengen, mit Salz und Pfeffer abschmecken. Bis zum Anrichten ziehen lassen.
Die Salatblätter separieren, waschen und trocken schütteln. Die Wraps im Backofen bei niedriger Temperatur kurz anwärmen.
Währenddessen eine beschichtete Pfanne ohne Beigabe von Fett erhitzen und das marinierte Fleisch darin ca. 2–4 Minuten scharf anbraten. Die warmen Wraps aus dem Ofen nehmen und auf Teller legen, dann Salat, Rindfleisch und die Gurkenmischung darauf verteilen. Mit etwas Garflüssigkeit aus der Pfanne beträufeln, aufrollen und servieren.

**Tipp:** Das Fleisch nur kurz braten, sonst wird es zäh.

*Tatjana Avendaño, Adelsdorf*

# Ochsenbraten mit Rosmarinkartoffeln und Kräuterquark

Für 4–6 Personen:

Für die Marinade:
1 Knoblauchzehe
200 ml Rotwein
1 TL Salz
Pfeffer aus der Mühle
etwas geriebene Muskatnuss

Für den Braten:
1,3 kg Hochrippe vom Weiderind
etwas Öl
1 Zwiebel
2 Bio-Karotten
1 Stange Lauch
1 Zweig Rosmarin
etwas Mehl

Für die Kartoffeln:
600 g Kartoffeln
Salz
1 Zweig Rosmarin
Pfeffer aus der Mühle
Pflanzenöl

Für den Kräuterquark:
200 g Speisequark
Salz und Pfeffer aus der Mühle
½ Bund Schnittlauch
3 EL Sahne

Den Knoblauch schälen, durch eine Presse drücken und mit Rotwein, Salz, Pfeffer und etwas Muskat verrühren. Das Fleisch trocken tupfen, in die Marinade legen und 48 Stunden darin ziehen lassen, zwischendrin wenden. Anschließend herausnehmen und die restliche Marinade beiseitestellen.
Den Backofen auf 120 °C (Umluft) vorheizen. Etwas Öl in einem Bräter erhitzen und das marinierte Fleisch darin rundum scharf anbraten. Die Zwiebel schälen und klein würfeln. Karotten und Lauch putzen, gründlich waschen und in grobe Stücke schneiden. Den Rosmarinzweig waschen und zusammen mit dem Gemüse zum Fleisch in den Bräter geben. Mit der aufbewahrten Marinade aufgießen. Das Fleisch 2–3 Stunden im Ofen sanft garen, dabei mehrmals wenden.
In der Zwischenzeit die Kartoffeln schälen, waschen und in Salzwasser weich kochen, anschließend abgießen. Den Rosmarin waschen, die Nadeln vom Zweig zupfen und zusammen mit den Kartoffeln in etwas Öl goldbraun braten. Mit Salz und Pfeffer abschmecken und warm stellen.
Den Speisequark mit Salz und Pfeffer würzen. Den Schnittlauch waschen, in Röllchen schneiden und mit der Sahne unter den Quark mengen.
Wenn der Braten gar ist, Fleisch und Rosmarin aus dem Bräter nehmen, die Sauce pürieren, abschmecken und mit etwas Mehl abbinden.
Den Ochsenbraten in Scheiben schneiden und mit Sauce, Rosmarinkartoffeln und Kräuterquark servieren.

**Tipp:** Wir verwenden für dieses Rezept am liebsten das Fleisch vom Waldmichelbacher Weiderind!

*Familien Herold und Schultes, Landgasthaus Waldmichelbacher Hof, Bessenbach*

# Ochsenbein mit Meerrettichsauce

Für 4 Personen:

750 g Ochsenbein (in Scheiben)
Salz
2 Lorbeerblätter
4 Gewürznelken
½ TL Pfefferkörner
2 TL Gemüsebrühpulver
750 g kleine Kartoffeln
2 Karotten
2 Stangen Lauch
½ Knollensellerie
50 g Butter
250 ml Milch
etwas geriebene Muskatnuss
50 g geriebenes Weißbrot
1–2 EL Gemüsemeerrettich (aus dem Glas)
etwas Zucker

Das Fleisch trocken tupfen und in einem Topf mit Salz bestreuen. Lorbeerblätter, Nelken, Pfefferkörner und 1 TL Gemüsebrühpulver hinzufügen. Das Fleisch mit 2 l Wasser bedecken, erhitzen und etwa 2 Stunden abgedeckt garen.
Die Kartoffeln schälen, restliches Gemüse putzen, alles waschen und in Stücke schneiden. Nach 1 ½ Stunden zum Fleisch geben und mitgaren.
Für die Sauce die Butter zerlassen. Milch, Muskatnuss, restliches Gemüsebrühpulver und Weißbrotbrösel dazugeben. Aufkochen, 5 Minuten ziehen lassen, dann etwa 100–120 ml Fleischbrühe sowie den Meerrettich hinzufügen. Mit Salz und Zucker abschmecken und das Fleisch mit Kartoffeln und Meerrettichsauce servieren.

*Ramona Lutz, Aischtaler Meerrettich- u. Konservenfabrik Lutz, Uehlfeld*

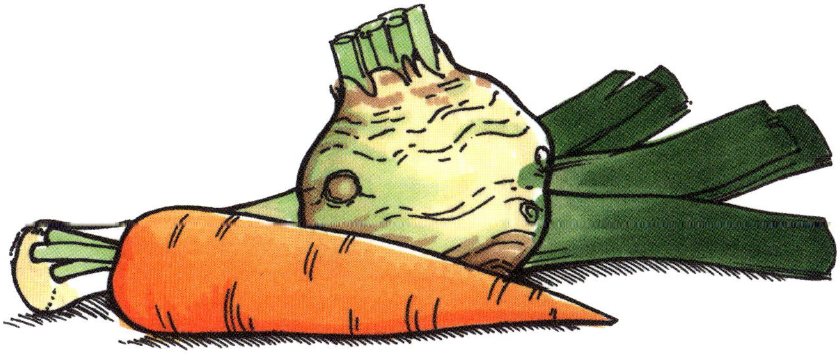

# Mediterraner Ochsenmaulsalat »Auenland«

Für 4 Personen:

1 Bund Suppengrün
ca. 900 g gepökeltes Ochsenmaul
Salz
2 mittelgroße Zwiebeln
6 Cornichons
3 EL Kapern
1 EL scharfer Senf
gehackte Kräuter zum Garnieren (nach Belieben)

Für die Vinaigrette:
4 EL Apfelessig
5 EL Olivenöl
etwas Senf
Salz und schwarzer Pfeffer aus der Mühle
1 Prise Zucker

Das Suppengrün putzen, waschen und grob zerkleinern. Gepökeltes Maulfleisch unter Zugabe des Suppengemüses ca. 3 Stunden in etwa 2 l Salzwasser weich kochen. Anschließend in sehr dünne, mundgerechte Scheiben schneiden, z. B. mit einer Brotschneidemaschine oder einem sehr scharfen Messer. Die Zwiebeln schälen und in gleichmäßige Ringe schneiden. Die Cornichons fein würfeln, die Kapern hacken.
Für die Vinaigrette Apfelessig, Olivenöl, Senf, etwas Salz, Pfeffer und Zucker in einem Becher gut verquirlen.
Fleisch, Zwiebeln, Gürkchen, Kapern und Senf in einer großen Schüssel sorgfältig mischen, dann mit der Vinaigrette begießen. Den Ochsenmaulsalat mindestens 1 Stunde im Kühlschrank ziehen lassen. Zum Servieren nach Belieben frisch gehackte Kräuter aus dem Garten darüberstreuen.

**Tipp:** Dazu reicht man traditionell knusprige Bratkartoffeln oder frisches Holzofenbrot.

*Jonathan Eller, Auenland Beef, Hofheim*

# American Burger

Für 5 Personen:

Für die Burger-Brötchen (Buns):
100 ml Vollmilch
20 g Zucker
¼ Würfel frische Hefe
250 g Mehl
1 TL Salz
40 g weiche Butter
1 Ei, plus 1 Ei zum Bestreichen
Sesamsamen zum Bestreuen

Für die Burger-Pattys:
625 g Bio-Rinderhackfleisch
Salz und Pfeffer aus der Mühle

Zum Belegen:
Sauce nach Geschmack
Tomatenscheiben
Zwiebelringe
Gewürzgurkenscheiben
Salatblätter

Für die Buns 90 ml Milch lauwarm erhitzen und mit dem Zucker verrühren. Die Hefe hineinbröckeln und ein paar Minuten stehen lassen, bis der Vorteig langsam anfängt zu arbeiten. Dann Mehl, Salz, Butter und Ei unterrühren. Einige Minuten mit der Maschine oder per Hand kneten, bis ein weicher, homogener Teig entstanden ist. Abgedeckt an einem warmen Ort etwa 30 Minuten gehen lassen, bis sich der Teig verdoppelt hat. Nochmals durchkneten, dann in 5 gleich große Portionen teilen und zu Kugeln formen. 10 Minuten entspannen lassen, dann mit dem Nudelholz etwas flach rollen. Auf ein mit Backpapier belegtes Backblech legen und abgedeckt weitere 30–60 Minuten gehen lassen.
Den Backofen auf 180 °C (Ober-/Unterhitze) vorheizen. Restliche Milch mit 1 Ei und 1 EL Wasser verquirlen, damit die Buns bestreichen und mit Sesam bestreuen. Im Ofen 15–20 Minuten goldbraun backen. Herausnehmen, mit einem Küchentuch abdecken und auskühlen lassen.
Für die Pattys das Hackfleisch mit Salz und Pfeffer würzen, in 5 gleich große Portionen teilen, Kugeln formen und diese auf ca. 1 ½ cm flach drücken. Es sollten keine Risse entstehen.
Zum Servieren die Buns aufschneiden und mit der Schnittseite auf dem Grill, Toaster oder im Ofen anrösten. Nach Belieben großzügig Sauce auf Ober- und Unterseite verteilen. Tomaten, Zwiebeln, Gewürzgurken und Salatblätter auf die unteren Brötchenhälften legen. Die Burger-Pattys nach Belieben grillen oder braten und auflegen. Die Burgerbrötchen noch zuklappen – und genießen.

**Tipp:** Dazu passen die Burgersauce Whiskey-Bacon-Jam von S. 26, der Krautsalat mit gerösteten Cashewkernen von S. 34 sowie die Country Potatoes von S. 32.

*Anne Leichtenstern, Prebitz*

# Italienische Fleischpflanzerl

Für 4–6 Personen:

150 g Semmeln oder Weißbrot vom Vortag
3 EL getrocknete Tomaten
1 Zwiebel
½ Bund Petersilie
Pflanzenöl
15 schwarze entsteinte Oliven
2 EL Kapern
2 Eier
500 g Rinderhackfleisch (oder gemischtes Hack)
Salz und Pfeffer aus der Mühle
2 TL scharfer Senf
je 1 TL getrockneter Thymian, Oregano, Rosmarin und Salbei
15 g fein geriebener Parmesan
200 g Feta

Die Semmeln ein paar Minuten in kaltem Wasser einweichen, anschließend ausdrücken und zerpflücken. Die getrockneten Tomaten in etwas kochendem Wasser einweichen, dann ebenfalls ausdrücken und zerkleinern. Die Zwiebel schälen und würfeln. Petersilie waschen, trocken schütteln, klein schneiden und zusammen mit der Zwiebel in etwas Öl andünsten. Die Oliven hacken. Alles mit Kapern, Eiern und Hackfleisch verkneten. Mit Salz, Pfeffer, Senf sowie den Kräutern abschmecken, den Parmesan zugeben und nochmals gut durchmengen, bis eine homogene Masse entstanden ist. Den Feta würfeln und untermischen. Fleischpflanzerl (Fleischküchle) aus der Masse formen und in heißem Öl ca. 10 Minuten braten.

**Tipp:** Dazu passen z. B. Salzkartoffeln sowie das Schlappkraut von S. 37.

*Inge Fleischmann, Markt Erlbach*

# Hackfleischsauce zu Nudeln

Für 4 Personen:

2 große Zwiebeln
1 EL Öl
500 g Rinderhackfleisch
3 Stangen Lauch
50 g pürierte Tomaten
125 ml Rinder- oder Gemüsebrühe
6 EL Senf
1 TL Paprikapulver
1 TL Salz
250 g saure Sahne
500 g Nudeln (z. B. Spaghetti) und geriebener Parmesan zum Servieren

Die Zwiebeln schälen, würfeln und im Öl andünsten. Das Hackfleisch zugeben und die Hitze reduzieren. Den Lauch putzen, gründlich waschen, in Ringe schneiden und mit pürierten Tomaten sowie Brühe zufügen. Mit Senf, Paprikapulver und Salz würzen und ca. 15 Minuten köcheln lassen. Dann mit der sauren Sahne mischen und mit frisch gekochten Nudeln anrichten. Mit Parmesan bestreut servieren.

*Ute Rupp, Ottensoos*

# Räuberhackbraten

Für 8–10 Personen:

2 Semmeln vom Vortag
200 g junger Gouda
4 Zwiebeln
3 Knoblauchzehen
2 rote Paprikaschoten
200 g Champignons (aus dem Glas)
5 EL Öl
1,2 kg Rinderhackfleisch
4 Eier
Paprikapulver
Salz und Pfeffer aus der Mühle
300 g durchwachsener Speck in Scheiben

*Küchengarn*

Den Backofen auf 160 °C (Umluft) vorheizen. Die Brötchen in Wasser einweichen. Den Käse würfeln. Zwiebeln und Knoblauch schälen und fein hacken. Die Paprika waschen, entkernen und in kleine Würfel schneiden. Die Champignons abtropfen lassen und fein schneiden.

Das Öl in einer Pfanne erhitzen. Zwiebeln, Knoblauch, Paprika und Pilze darin andünsten. Die Pfanne vom Herd nehmen, den Käse unterheben und etwas abkühlen lassen.

Die Brötchen ausdrücken, zerpflücken und alle Zutaten mit Hackfleisch und Eiern zu einem Teig verarbeiten. Mit Paprikapulver, Salz und Pfeffer abschmecken. Die Masse zu einem großen ovalen Kloß formen, mit Speck umwickeln, mit Küchengarn fixieren und in eine Bratreine oder einen Bräter legen.

Die Reine in den Ofen schieben und den Hackbraten 75 Minuten garen. Dabei nach und nach etwas Wasser angießen, damit der Braten nicht austrocknet.

*Luise Vad, Vad's Rosenhof, Obernburg*

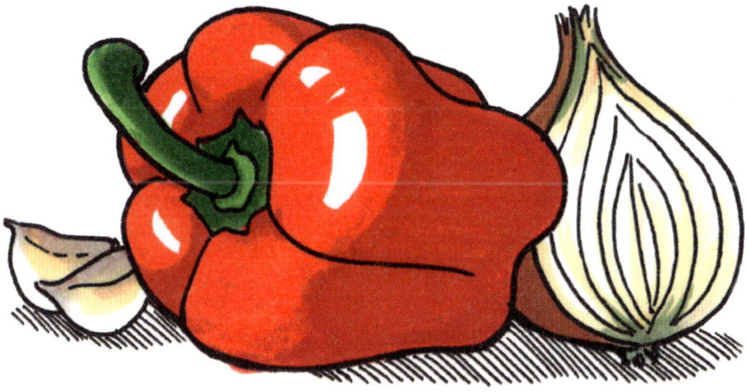

# Rindergulasch

Für 4–6 Personen:

600–800 g Rindergulasch
etwas Öl
Salz und Pfeffer aus der Mühle
Paprikapulver
2 Zwiebeln
3 EL Tomatenmark
125 ml Weißwein
500 ml Gemüsebrühe
3 Paprikaschoten (rot, gelb und grün)
etwas Saucenbinder (nach Belieben)
gehackte Petersilie zum Garnieren

Das Rindergulasch trocken tupfen. Etwas Öl in einem Topf erhitzen und das Fleisch darin portionsweise scharf anbraten. Mit Salz, Pfeffer sowie Paprikapulver würzen und herausnehmen. Die Zwiebeln schälen, grob würfeln und im Bratfett dünsten (bei Bedarf noch etwas Öl hinzugeben). Tomatenmark mit anrösten. Mit Wein und Brühe ablöschen, das Fleisch wieder zufügen und abgedeckt 45 Minuten schmoren. Die Paprika waschen, entkernen, grob würfeln und zum Fleisch geben. Etwa 30 Minuten weitergaren.
Das Gulasch pikant abschmecken und nach Belieben mit Saucenbinder etwas andicken. Mit Petersilie bestreut servieren.

**Tipp:** Dazu passen Nudeln oder Reis.

*Tanja Spona, Charolaishof Spona, Markt Bibart*

# Kaffeegulasch

Für 6–8 Personen:

1 kg Schweinegulasch
50 g Butter
200 ml starker Kaffee
400 g Sahne
200 g passierte Tomaten
4 cl Aquavit (Kümmelschnaps)
2 TL Salz
Pfeffer aus der Mühle

Das Gulasch trocken tupfen. Die Butter in einem Topf erhitzen und das Fleisch portionsweise darin anbraten. Kaffee, Sahne, passierte Tomaten und Aquavit zugeben. Mit Salz und Pfeffer würzen und das Gulasch ca. 1 Stunde köcheln lassen.

**Tipp:** Als Beilage eignen sich Baguette oder Kartoffeln.

*Renate Rothascher, Stadeln*

# Fränkische Rippchen mit Bratkartoffeln (Fränggische Ribble mid g'schmalzne Äbirn)

Für 4 Personen:

2 Zwiebeln
2 Karotten
1 kg Schweinerippchen
Salz und Pfeffer aus der Mühle
etwas geriebene Muskatnuss
500 g festkochende Kartoffeln
2–3 EL Griebenschmalz
etwas getrockneter Majoran

Den Backofen auf 160 °C (Umluft) vorheizen. Zwiebeln und Karotten schälen und grob würfeln. Die Rippchen trocken tupfen, dann mit Salz, Pfeffer und Muskatnuss würzen. Zusammen mit Zwiebeln, Karotten und etwas Wasser in eine tiefe Auflaufform oder Bratreine geben. Im Ofen ca. 2 Stunden garen.
In der Zwischenzeit die Kartoffeln schälen, in Scheiben schneiden und ca. 30 Minuten in kaltes Wasser legen, anschließend abtropfen lassen. Das Griebenschmalz bei mittlerer Temperatur in einer Pfanne erhitzen und die Kartoffelscheiben darin von einer Seite knusprig anbraten, anschließend wenden und auch die andere Seite bräunen. Wenn die Kartoffeln rundum knusprig sind, einen Deckel auflegen und die Kartoffeln bei niedriger Hitze durchgaren. Mit Salz, Pfeffer und Majoran würzen und nochmals kurz stark erhitzen.
Die Rippchen nach der Garzeit aus dem Ofen nehmen und zusammen mit den knusprigen Kartoffeln servieren. Nach Belieben etwas von der Garflüssigkeit über die Kartoffeln träufeln.

*Martin Burmann, Burmann's Hof und Laden, Roth-Pfaffenhofen*

# Schäufele und Rippchen

Für 4 Personen:

4 Portionen Schäufele (à ca. 300–400 g)
1 kg Schälrippchen
Salz und Pfeffer aus der Mühle
1 Bund Suppengrün
2–3 Zwiebeln
2 Stängel Liebstöckel
750 ml Fleisch- oder Gemüsebrühe
etwas Kümmel
etwas Saucenbinder, bei Bedarf

Den Backofen auf 200 °C (Ober-/Unterhitze) vorheizen. Vom Schäufele die Schwarte mit einem sehr scharfen Messer kreuzweise einschneiden. Die Schälrippchen bei Bedarf in Portionen teilen. Das Fleisch mit Salz und Pfeffer würzen. Das Suppengrün waschen und putzen, die Zwiebeln schälen. Den Lauch beiseitelegen. Das restliche Gemüse grob zerkleinern, dann mit Lauch und Liebstöckel in einen Bräter geben und die Brühe angießen. Rippchen und Schäufele mit der Schwarte nach oben hineinlegen und mit Kümmel bestreuen. Abgedeckt im Ofen ca. 1 ½–2 Stunden braten.
Das Fleisch anschließend auf ein Backblech oder eine flache Bratreine heben, den Ofen auf Umluft mit Grillfunktion umstellen, die Temperatur auf 180 °C reduzieren und das Fleisch noch ca. 30 Minuten knusprig grillen. In der Zwischenzeit die Garflüssigkeit durch ein Haarsieb in einen Topf passieren. Lauch und Liebstöckel entfernen. Das Gemüse durch das Sieb streichen, es fungiert als natürlicher Saucenbinder. Abschmecken und bei Bedarf zusätzlich Saucenbinder einrühren. Schäufele und Rippchen mit der Sauce servieren.

**Tipp:** Dazu passen sehr gut die rohen Klöße von S. 29.

*Renate Rothascher, Stadeln*

# Schweinelendchen

Für 4–6 Personen:

1–2 Schweinelenden (600–800 g)
1 Zwiebel
1–2 Lorbeerblätter
2–4 Gewürznelken
1 TL Wacholderbeeren
Essig (je nach Größe der Form)
Weißwein (je nach Größe der Form, alternativ Wasser oder Rotwein)
Salz und Pfeffer aus der Mühle
etwas Butter
1 Bund Suppengrün
1 TL Fleischbrühpulver
200 g Sahne
etwas Speisestärke (nach Belieben)

Die Schweinelenden parieren, dabei die Sehnen (Silberhaut) mit entfernen, und trocken tupfen. Die Zwiebel schälen und in grobe Stücke schneiden. Zwiebel, Lorbeerblätter, Nelken und Wacholderbeeren in eine tiefe Glas- oder Keramikform geben. Das Fleisch darauflegen und etwa zur Hälfte mit Essig angießen. Anschließend mit Weißwein auffüllen, bis das Fleisch fast vollständig bedeckt ist. Nach einigen Stunden wenden und abgedeckt über Nacht im Kühlschrank ziehen lassen.

Am nächsten Tag das Fleisch aus der Marinade nehmen, evtl. anhaftende Zwiebeln und Gewürze abstreifen, und trocken tupfen. Mit Salz und Pfeffer würzen.

Den Backofen auf 150 °C (Ober-/Unterhitze) vorheizen. Etwas Butter in einem Bräter erhitzen und die Lende darin rundum anbraten. Die Marinade durch ein Sieb passieren, die aufgefangenen Gewürze mit anrösten (die Marinade wird nicht mehr benötigt). Das Suppengemüse waschen, putzen und in grobe Stücke schneiden, anschließend zum Fleisch geben und kurz anbraten. Den Bräter abgedeckt in den Ofen schieben und das Fleisch ca. 1 ½–2 Stunden garen, bei Bedarf etwas Wasser zugießen. Etwa 30 Minuten vor Ende der Garzeit das Brühpulver einrühren und die Sahne zugießen. Das Fleisch nun ohne Deckel weitergaren.

Die Lende herausnehmen, in Scheiben schneiden und warm stellen. Die Sauce in einen Topf passieren, das weiche Gemüse durch ein Sieb streichen, dazugeben, abschmecken und nach Belieben mit etwas Kartoffelstärke andicken. Die Schweinelendchen mit der Sauce servieren.

**Tipp:** Dazu schmecken hervorragend Seidenknödel.

*Lothar Glaß, Herzogenaurach*

# Lendentopf

Für 6 Personen:

etwas Öl
800 g Schweinelende
350 g geräucherter Bauchspeck (Bündle) in dünnen Scheiben
3 Zwiebeln

Für die Sauce:
2 Knoblauchzehen
200 g Crème fraîche
400 g Sahne
200 g Curry-Ketchup
200 ml Milch

Den Backofen auf 200 °C (Ober-/Unterhitze) vorheizen. Einen Bräter mit Öl ausstreichen.
Die Lende trocken tupfen, in ca. 2 cm dicke Scheiben schneiden und mit dem Bündle abwechselnd in den Bräter schlichten. Die Zwiebeln schälen, in Ringe schneiden und über dem Fleisch verteilen.
Für die Sauce den Knoblauch schälen und durch eine Presse in eine Schüssel drücken. Mit Crème fraîche, Sahne, Ketchup und Milch verrühren und über das Fleisch gießen. Den Lendentopf auf der mittleren Schiene etwa 45 Minuten im Ofen garen.

**Tipp:** Dazu passen Spätzle, Baguette oder Reis.

*Ute Rupp, Ottensoos*

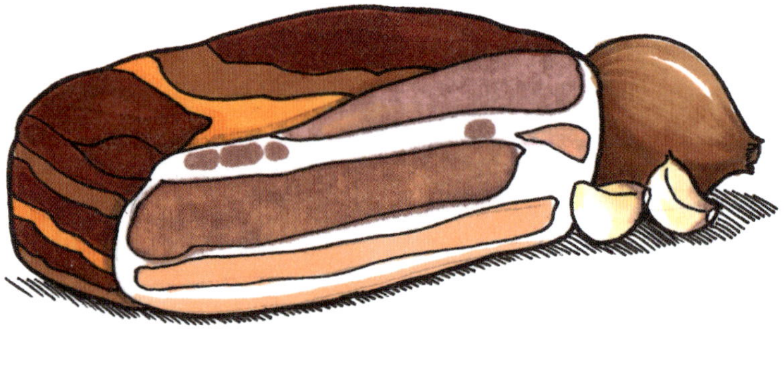

# Eisenbahnerbraten

Für 4 Personen:

etwas Öl
1 kg Schweinebauch
Salz und Pfeffer aus der Mühle
4 große Kartoffeln
4–6 große Karotten
4 Zwiebeln
2 Stangen Lauch
2 Paprikaschoten

Den Backofen auf 180 °C (Ober-/Unterhitze) oder 150 °C (Umluft) vorheizen. Eine Bratreine oder einen Bräter mit etwas Öl ausstreichen.
Das Fleisch trocken tupfen, mit Salz und Pfeffer würzen und in der Bratreine 1 Stunde im Ofen garen. Kartoffeln, Karotten und Zwiebeln schälen und vierteln. Lauch und Paprika gründlich waschen, putzen, die Paprika entkernen und beides ebenfalls vierteln. Die Bratform aus dem Ofen nehmen und das Gemüse darin verteilen. Salzen, 250 ml Wasser hinzugießen und weitere 1 ½ Stunden im Ofen braten. Anschließend herausnehmen und den Eisenbahnerbraten in der Bratreine servieren.

*Karin Krauter, Spalt*

# Plov

Für 2 Personen:

250 g Schweinefleisch
etwas Öl
1–2 Zwiebeln
2–3 Karotten
150 g Reis
Salz
1 EL Gemüsebrühpulver

Das Fleisch trocken tupfen, in mundgerechte Stücke schneiden und in einer Pfanne mit etwas Öl anbraten. Die Zwiebeln schälen, klein schneiden und hellgelb mit anschwitzen. Die Karotten schälen, raspeln, mit dem Reis in die Pfanne geben und so viel kochendes Wasser aufgießen, dass es etwa 1–2 cm über dem Reis steht. Mit Salz und Gemüsebrühpulver würzen. Das Ganze kochen, bis das Wasser komplett aufgesogen wurde. Anschließend die Hitze reduzieren und weitergaren, bis alles gut durch ist.

**Tipp:** Plov, auch als Pilaw bekannt, ist eine ursprünglich orientalische Reispfanne.

*Denny Schemmerich, Erlangen*

# Schnitzelpfanne

Für 4 Personen:

etwas Öl
4–6 dünne Schweineschnitzel
Salz und Pfeffer aus der Mühle
150 g Champignons (aus dem Glas), plus mehr nach Belieben
500 g festkochende Kartoffeln (z. B. Lolita)
1 kleine Zwiebel
125 g geriebener Käse (nach Geschmack)
100 g Schmand oder Crème fraîche
1 EL getrockneter Majoran
etwas geriebene Muskatnuss

Den Backofen auf 200 °C (Ober-/Unterhitze) vorheizen. Eine Auflaufform oder Bratreine mit Öl auspinseln. Die Schnitzel trocken tupfen, mit Salz und Pfeffer würzen und in die Form legen.
Die Champignons abgießen, abtropfen lassen und über das Fleisch verteilen. Die Kartoffeln waschen, mit der Zwiebel schälen, beides grob raspeln und in einem Sieb ausdrücken. Käse und Schmand vermischen, kräftig mit Salz, Pfeffer, Majoran und Muskat würzen und unter die Kartoffel-Zwiebel-Masse heben. Auf den Schnitzeln verteilen und leicht andrücken, dann auf der mittleren Schiene ca. 1 Stunde im Ofen backen.

**Tipp:** Die Schnitzelpfanne mit einem grünen Salat servieren.

*Birgit Zwingel, Kartoffel Zwingel, Dietenhofen*

# Scherauerhof-Pfanne

Für 4 Personen:

600 g Schweinefleisch aus der Nuss (alternativ Putenbrustfilet)
1 Zwiebel
100 g geräucherter, durchwachsener Speck
500 g Waldpilze oder Champignons
1 Bund Petersilie
3–4 EL Öl
Salz und Pfeffer aus der Mühle
etwas geriebene Muskatnuss
200 ml klare Gemüse- oder Fleischbrühe
150 g Sahne
1 EL Mehl, bei Bedarf
1 Pck. Kloßteig halb und halb
150 g mittelalter Gouda

Das Fleisch mit Küchenpapier trocken tupfen und in feine Streifen schneiden. Die Zwiebel schälen und mit dem Speck fein würfeln. Die Pilze putzen, mit einem sauberen Tuch trocken abreiben und in kleine Stücke oder Scheiben schneiden. Petersilie waschen, trocken schütteln, Blättchen abzupfen und fein hacken. Das Öl in einer Pfanne erhitzen. Den Speck darin kross auslassen, Zwiebel und Pilze zufügen und ca. 5 Minuten unter Wenden andünsten. Mit Salz, Pfeffer und Muskatnuss würzen, gut durchmengen und aus der Pfanne nehmen. Im verbliebenen Bratfett das Fleisch portionsweise kräftig anbraten, salzen und pfeffern. Die Pilzmischung zum Fleisch geben, Petersilie unterheben und Brühe sowie Sahne zugießen. Unter Rühren 5–10 Minuten köcheln lassen, nochmals mit Salz und Pfeffer abschmecken und die Sauce bei Bedarf mit Mehl abbinden. Die Mischung in eine Auflaufform füllen und ein paar Minuten abkühlen lassen. Inzwischen den Backofen auf 150 °C (Ober-/Unterhitze) vorheizen.

Den Kloßteig portionsweise mit den Händen flach drücken (½–1 cm dick) und auf das Geschnetzelte in der Form legen, bis alles gut bedeckt ist. Den Käse reiben und darüberstreuen. Die Scherauerhof-Pfanne im Ofen auf der mittleren Schiene etwa 1 Stunde garen.

**Tipp:** Dazu passt ein gemischter Salat.

*Helga Bock, Scherauer Hof, Leinburg*

# Schlachtschüssel mit Bratwurstgehäckbrot

Für 2 Personen:

Für das Bratwurstgehäckbrot:
½ Zwiebel
100 g frisches Bratwurstgehäck
2 Scheiben Bauernbrot
Salz und Pfeffer aus der Mühle
Paprikapulver

Für die Schlachtschüssel:
1 frische Blutwurst
1 frische Leberwurst
1 Stück Kesselfleisch (Rüssel, Kopffleisch, Nieren oder Zunge, vom Metzger fertig gegart)
500 ml Metzelsuppe (Wurstsuppe)
etwas Öl
1 frische grobe Bratwurst
Schnittlauchröllchen zum Garnieren

Als Appetitanreger Bratwurstgehäckbrot zubereiten. Dazu die Zwiebel schälen und in Ringe schneiden. Das Bratwurstgehäck auf das Brot streichen, mit Zwiebelscheiben belegen und mit Salz, Pfeffer und Paprikapulver würzen.
Für die Schlachtschüssel Blut- und Leberwurst sowie Kesselfleisch in der Metzelsuppe aufwärmen. Nicht kochen lassen, sonst platzen die Würste! Etwas Öl in einer Pfanne erhitzen und die Bratwurst darin anbraten. Würste und Kesselfleisch auf einer kleinen Platte anrichten, die Metzelsuppe auf zwei Teller aufteilen und mit Schnittlauchröllchen garniert servieren.

**Tipp:** Dazu passen Sauerkraut, Salzkartoffeln und frisches Bauernbrot ganz hervorragend; als Getränk empfiehlt sich helles Bier!

*Stefan Igelhaut, Obstbaumpflege und Imkerei, Oberferrieden*

# Saure Lunge mit Herz

Für 4 Personen:

Salz
1 Bund Suppengrün
1 Rinder- oder Schweinelunge
1 Schweineherz
2–3 EL Butter
1 TL Zucker
etwas Mehl
1 Soßenlebkuchen
Essig
1 Lorbeerblatt
1 TL Pfefferkörner
1 TL Wacholderbeeren
etwas Abrieb von 1 Bio-Zitrone

Einen Topf mit kaltem Salzwasser bereitstellen. Das Suppengrün waschen, putzen und grob zerkleinern. Lunge und Herz gut waschen und alles zusammen in das kalte Wasser geben. Bei kleiner Flamme erhitzen und ca. 1 ½ Stunden köcheln lassen. Sobald das Wasser kocht, die Hitze reduzieren. Den Schaum zwischendurch immer wieder abschöpfen. Die Lunge benötigt etwas weniger Garzeit. Wenn das Fleisch weich ist, die Lunge von den Röhrchen befreien und in nicht zu kleine Stückchen, das Herz in Streifen schneiden. Das Fleisch beiseitestellen, den Kochsud aufheben.
Butter und Zucker in einer Pfanne zerlassen, Mehl hinzufügen und zu einer bräunlichen Schwitze rösten. Mit Fleischsud aufgießen. Den Soßenlebkuchen in Stückchen schneiden, zufügen und nach Geschmack mit Essig würzen. Lorbeerblatt, Pfefferkörner, Wacholderbeeren und etwas Zitronenabrieb beifügen und die Sauce ca. 20 Minuten köcheln, bis sich der Lebkuchen aufgelöst hat. Alles durch ein Sieb passieren und abschmecken. Zum Schluss Lunge und Herz in der Sauce noch mal ein paar Minuten durchwärmen und servieren.

**Tipp:** Dazu passen die Coburger Majorsklöße von S. 30.

*Andrea Fischer, Fürth*

# Würziger Kasslertopf

Für 4–6 Personen:

3 Zwiebeln
etwas Öl
1 kg gekochtes Kasslerfleisch
300–400 g eingelegte Paprika (aus dem Glas)
4 Gewürzgurken
1,4 kg Letscho (ungarische Paprika in Tomatensauce, aus dem Glas)
1 Chilischote
200 g Tomatenmark
Saft von 1 Zitrone
etwas Gemüsebrühe (nach Belieben)
Salz und Pfeffer aus der Mühle
Paprikapulver

Die Zwiebeln schälen, in Ringe schneiden und in einem großen Topf in Öl andünsten. Das Fleisch würfeln und mit anbraten. Die Paprika abtropfen und in Streifen schneiden, die Gewürzgurken würfeln. Zusammen mit dem Letscho zugeben und erhitzen. Die Chili waschen, in Ringe schneiden und je nach gewünschtem Schärfegrad Kerne und Scheidewände entfernen. Mit Tomatenmark, Zitronensaft und nach Belieben etwas Brühe hinzufügen und alles zusammen aufkochen. Mit Salz, Pfeffer und Paprikapulver abschmecken und den Kasslertopf vor dem Servieren gut durchziehen lassen.

**Tipp:** Dazu passt Weißbrot.

*Gerlinde Herz, Cadolzburg*

# Kürbiseintopf mit Kassler

Für 4 Personen:

400 g ausgelöstes rohes Kassler
500 g Kartoffeln
650 g Muskatkürbis
1 Zwiebel
3 EL Öl
500 ml milde Fleischbrühe
getrockneter Thymian
1 ½ EL mittelscharfer Senf
1 TL Paprikapulver

Das Kassler in 2 cm große Würfel schneiden. Die Kartoffeln schälen, waschen und längs achteln. Den Kürbis schälen, entkernen und in 2 cm große Stücke schneiden. Die Zwiebel abziehen, klein hacken und in einem großen Topf mit Öl anschwitzen. Kartoffeln zugeben und kurz mit anbraten. Die Brühe angießen, Thymian, Senf und Paprikapulver einrühren. Abgedeckt 5-10 Minuten garen. Den Kürbis zufügen und den Eintopf weitere 15 Minuten köcheln lassen, bis der Kürbis weich ist.

*Erna Lanzer, Bayreuth*

# Hähnchengeschnetzeltes mit Spinat

Für 4 Personen:

50 g TK-Spinat
250 g Nudeln
Salz
400 g Hähnchen-geschnetzeltes
1 mittelgroße Zwiebel
etwas Öl
200 g Sahne
Pfeffer aus der Mühle
rosenscharfes Paprikapulver
Knoblauchpulver
gehackte Kräuter (nach Belieben)
80 g geriebener Käse

Den Spinat auftauen lassen. Die Nudeln in Salzwasser al dente kochen, anschließend abgießen und abtropfen lassen. Das Hähnchenfleisch trocken tupfen. Die Zwiebel schälen und würfeln. Das Hähnchen in einer Pfanne mit etwas Öl anbraten, die Zwiebeln hinzufügen und mit anschwitzen. Sahne einrühren und mit Salz, Pfeffer, Paprika- und Knoblauchpulver sowie nach Belieben frischen Kräutern würzen. Spinat und Käse zugeben (oder den Käse erst später über das fertige Gericht streuen). Zum Servieren die Nudeln auf Teller verteilen und das Hähnchengeschnetzelte darauf anrichten.

*Denny Schemmerich, Erlangen*

# Hähnchenkeulen mit »Magic Dust«-Gewürz

Für 4 Personen:

Für die Gewürzmischung »Magic Dust«:
4 EL Paprikapulver
2 EL Salz
1 EL gemahlene Senfkörner
1 EL Pfeffer aus der Mühle
1 EL Cayennepfeffer
2 EL Puderzucker
2 EL Knoblauchpulver

Außerdem:
4 Hähnchenkeulen (à ca. 250 g)
etwas Öl

Paprikapulver, Salz, Senfkörner, beide Pfeffersorten, Puderzucker und Knoblauchpulver sorgfältig vermengen. Die Hähnchenkeulen trocken tupfen und entweder bereits am Vortag oder direkt vor der Zubereitung mit der Gewürzmischung einreiben.
Den Backofen auf 200 °C (Ober-/Unterhitze) vorheizen. Ein Backblech mit Öl bestreichen und die Hähnchenkeulen darauflegen. Auf mittlerer Schiene ca. 45 Minuten im Ofen goldbraun garen.

*Sandra Grießmeier, Geflügelhof Grießmeier, Mäbenberg*

# Coq au Vin – Gockel in Rotwein

Für 4 Personen:

4 Gockelkeulen
Salz und Pfeffer aus der Mühle
400 g Champignons
2 Gemüsezwiebeln
2 EL Butter
150 g gewürfelter Speck
etwas Mehl (nach Belieben)
20 ml Weinbrand (z. B. Cognac)
500–750 ml trockener Rotwein
1 Knoblauchknolle
1 Bund Kräuter der Provence
etwas geriebene Muskatnuss

Den Backofen auf 100 °C (Ober-/Unterhitze) vorheizen. Den Gockel trocken tupfen und mit Salz und Pfeffer würzen. Die Champignons putzen, mit einem sauberen Tuch trocken abreiben und grob zerkleinern. Die Zwiebeln schälen und in nicht zu dünne Streifen schneiden. Die Butter in einem Schmortopf zerlassen. Champignons, Zwiebeln und Speck darin anschwitzen, dann herausnehmen und beiseitestellen. Die Gockelkeulen im selben Topf anbraten, nach Belieben mit Mehl bestäuben und mit Weinbrand und Rotwein ablöschen. Den Knoblauch schälen und die Zehen im Ganzen zusammen mit den Kräutern sowie etwas Muskat zum Geflügel geben. Etwa 1 ½ Stunden abgedeckt im Ofen schmoren. Zum Schluss Champignons, Zwiebeln und Speck hinzufügen, 10 Minuten erhitzen, dann servieren.

**Tipp:** Dazu passt lauwarmes Baguette.

*Magdalini Schmauder, Geflügelhof Schubert, Igensdorf*

# Gebratener Gockel aus dem Römertopf

Für 4 Personen:

1 Gockel (oder 4 Keulen)
Salz und Pfeffer aus der Mühle
Knoblauchpulver
etwas Kümmel (nach Belieben)
1 Zwiebel
2–3 Karotten
1 Petersilienwurzel
1 kleiner Knollensellerie (ca. 150 g)
½ Stange Lauch
Bier, Rotwein oder Saucenbinder, bei Bedarf

*Römertopf*

Den Römertopf mindestens 10 Minuten in kaltes Wasser legen. Den Backofen auf 150 °C (Umluft) vorheizen.
Den Gockel trocken tupfen, dann rundum kräftig mit Salz, Pfeffer, Knoblauchpulver und nach Belieben Kümmel würzen. Zwiebel, Karotten, Petersilienwurzel und Sellerie schälen und würfeln. Den Lauch putzen, gründlich waschen und in Ringe schneiden. Das Gemüse ebenfalls würzen, im Römertopf verteilen und den Gockel darauflegen. Maximal 200 ml Wasser angießen. Bei geschlossenem Deckel etwa 1 ½–2 Stunden im Ofen garen, bis das Fleisch durch ist.
Den Römertopf aus dem Ofen nehmen, den Gockel herausheben und auf einem Rost bei Ober-/Unterhitze für 15 Minuten zurück in den Ofen schieben, damit die Haut schön knusprig wird. Am besten ein Blech unter den Rost stellen, um die Garflüssigkeit aufzufangen.
Inzwischen den Bratensud durch ein Sieb passieren, dabei das Gemüse zum Großteil durch das Sieb streichen. Die Sauce aufkochen, bei Bedarf noch etwas Flüssigkeit in Form von Fleischsaft, Wasser, Bier oder Rotwein zugießen oder die Sauce binden.

**Tipp:** Dazu schmecken Kartoffeln, rohe Klöße (siehe S. 29) oder Spätzle. Wer keinen Römertopf besitzt, kann auch einen normalen Bräter mit Deckel verwenden.

*Magdalini Schmauder, Geflügelhof Schubert, Igensdorf*

# Oma Lottes ofenfrische Bauernente

Für 4 Personen:

1 Ente vom heimischen Bauern (ca. 2,4–2,8 kg)
Salz und Pfeffer aus der Mühle
1 Zweig getrockneter Beifuß
100 ml dunkles fränkisches Kellerbier

Die Ente waschen und trocken tupfen, dann kräftig innen und außen mit Salz und Pfeffer einreiben. Den Beifuß in den Bauch legen und die Ente mindestens 2 Stunden im Kühlschrank ruhen lassen.
Den Backofen auf 200 °C (Umluft) vorheizen. Die Ente auf ein tiefes Backblech legen und 2 cm hoch Wasser angießen. Das Blech auf der untersten Schiene in den Ofen schieben, die Temperatur auf 180 °C reduzieren und die Ente 1 Stunde garen. Zwischendurch immer wieder mit der Garflüssigkeit übergießen und bei Bedarf Wasser nachfüllen.
Anschließend die Ente mit der Brust nach oben auf einen Bratrost legen. Den Bratenfond durch ein feines Sieb in einen Topf gießen, überschüssiges Fett entfernen und einkochen, bis eine würzige Sauce entsteht. Erneut Wasser in das Blech füllen und auf der untersten Schiene des Ofens einschieben. Die Ente mit dunklem Kellerbier bestreichen und auf dem Rost auf mittlerer Schiene weitere 1 ½ Stunden braten, bis die Haut schön knusprig ist. Aus dem Ofen nehmen und sofort servieren.

**Tipp:** Dazu passen das Bamberger Wirsinggemüse (siehe S. 36) sowie rohe Klöße (siehe S. 29).

*Bernd Andres, Gutshof Andres, Kirchlauter*

# Saure-Zipfel-Variation (Blaugsuudne Bradwerschd)

Für 2 Personen:

1 große Zwiebel
einige Lorbeerblätter, Gewürznelken und Wacholderbeeren (je nach gewünschter Intensität)
250 ml mittelscharfer Senf
4 große Bratwürste (am besten im Bändel)
Zucker
Salz

Die Zwiebel schälen, in dicke Ringe schneiden und in einem Topf knapp mit Wasser bedeckt aufkochen. Lorbeerblätter, Nelken, Wacholderbeeren und Senf zufügen und erneut aufkochen. Die Bratwürste einlegen und nach Möglichkeit unter die Zwiebelringe bringen. Die Temperatur reduzieren und alles ca. 20 Minuten sieden lassen. Mit Zucker und Salz abschmecken – der Sud soll pikant werden. Die Bratwürste noch im Topf vorsichtig mit einer Gabel anstechen und das Fett im Sud auslassen.

**Tipp:** Dazu passt frisches Baguette oder Weißbrot.

*Lothar Glaß, Herzogenaurach*

# Gesulzte Bratwürste (Gsulzde Bradwerschd)

Für 2 Personen:

3 große Bratwürste
etwas Öl
2 Gewürzgurken
1 gekochtes Ei (nach Belieben)
1 Pck. Sulzenpulver

Die Bratwürste am Vortag in etwas Öl braten und über Nacht kalt stellen.
Die Würste am nächsten Tag der Länge nach halbieren und mit der Schnittfläche nach unten auf Teller legen. Die Gurken ebenfalls längs halbieren, fächerförmig einschneiden und zwischen den Würsten anrichten. Nach Belieben ein gekochtes Ei pellen, in Scheiben schneiden und ebenfalls auf den Tellern platzieren. Das Sulzenpulver nach Packungsanleitung mit heißem Wasser vorbereiten und über die Bratwürste samt Beilagen gießen. So lange kalt stellen, bis die Sulzenflüssigkeit fest geworden ist.

**Tipp:** Dazu passen am besten ein kräftiges Schwarzbrot und ein kühles Bier. Das Rezept eignet sich auch zur Resteverwertung übrig gebliebener Bratwürste.

*Lothar Glaß, Herzogenaurach*

# Leberwürst und Knäudele mit Weinsauerkraut

Für 2–4 Personen:

1 Paar Leberwürste
1 Knäudele (stark gewürzte rote Räucherblutwurst mit Schinken- oder Speckwürfeln)
Meerrettich (aus dem Glas) zum Servieren

Für das Weinsauerkraut:
1 Zwiebel
1 EL Butter
1 EL Zucker
500 ml Weißwein
500 g Sauerkraut (aus der Dose)
2–4 Lorbeerblätter
1 TL Wacholderbeeren
¼ TL gemahlener Kümmel
¼ TL Kümmelsamen

Leberwürste und Knäudel in einem Topf mit heißem Wasser erhitzen.
Für das Weinsauerkraut die Zwiebel schälen und in feine Würfel oder Ringe schneiden. Die Butter in einem Topf zerlassen und die Zwiebel darin glasig andünsten. Den Zucker einstreuen und karamellisieren lassen, dann mit Weißwein ablöschen. Sauerkraut, Lorbeerblätter, Wacholderbeeren und Kümmel zufügen. Das Ganze ca. 45–60 Minuten kochen, dabei darauf achten, dass immer genügend Flüssigkeit im Topf ist, damit das Kraut nicht anbrennt. Das Weinsauerkraut zusammen mit Leberwürsten und Knäudel auf Tellern anrichten und mit einem Klecks Meerrettich servieren.

*Ilonka Scheuring, Weingut Scheuring, Margetshöchheim*

# Presssack mit Musik

Für 4 Personen:

je 2 Scheiben weißer und roter Presssack
2 große Zwiebeln
Salz und Pfeffer aus der Mühle
5 EL Weinessig
5 EL neutrales Pflanzenöl
1 TL Zucker
5 EL Gurkenwasser
4 Gewürzgurken

Den Presssack halbieren oder in mundgerechte Stücke schneiden und auf vier Teller verteilen. Die Zwiebeln schälen, in feine Ringe schneiden und auf dem Presssack anrichten. Mit Salz und Pfeffer kräftig würzen. Aus Essig, Öl, Zucker und Gurkenwasser eine Marinade anrühren und über den Presssack träufeln. Etwas einziehen lassen, dann mit je 1 Gewürzgurke servieren.

**Tipp:** Dazu schmeckt frisches Bauernbrot und ein kühles Helles nicht nur – aber vor allem – im Sommer!

*Stefan Igelhaut, Obstbaumpflege und Imkerei, Oberferrieden*

# Fränkisches Bierhäxle mit Bratkartoffeln und Feldsalat

Für 4 Personen:

Für die Bratkartoffeln:
1 kg festkochende Kartoffeln
etwas Öl oder Butterschmalz
Salz und Pfeffer aus der Mühle

Für den Salat:
300 g Feldsalat
50 g Walnusskerne
Oliven- oder Kürbiskernöl
weißer Balsamicoessig
Salz und Pfeffer aus der Mühle

Außerdem:
4 Gläser Fränkisches Bierhäxle

Die Kartoffeln schälen, waschen und in Scheiben oder Würfel schneiden. Öl oder Butterschmalz in einer Pfanne erhitzen und die Kartoffeln darin unter Wenden goldbraun braten. Mit Salz und Pfeffer würzen.
Den Feldsalat gründlich waschen und in einer Salatschleuder trocknen. Die Walnüsse grob hacken. Öl und Balsamico verrühren und mit Salz und Pfeffer abschmecken. Das Dressing mit dem Salat mischen und mit den Walnüssen bestreuen.
Das Bierhäxle entweder aus dem Glas lösen und aufschneiden oder im Glas servieren. Mit Bratkartoffeln und Feldsalat auf einem Teller anrichten.

**Tipp:** Alternativ zum Fränkischen Bierhäxle eignet sich z. B. auch Fränkischer Kümmelbauch.

*Ute Schlegel, Schlegels Genussmanufaktur »Die Wurschtler«, Dachsbach*

# Wurst-Rettich-Salat

Für 4 Personen:

600 g Rettich
500 g Fleischwurst
200 g Käse in Scheiben (z. B. Gouda oder Leerdammer)
3 rote Zwiebeln
1 Bund Schnittlauch

Für die Marinade:
4 EL Weißweinessig
6 EL Rapsöl
Salz und Pfeffer aus der Mühle
etwas Zucker
½ TL Kümmel

Den Rettich putzen und schälen, die Fleischwurst pellen und beides in Scheiben schneiden. Den Käse zu feinen Streifen verarbeiten. Die Zwiebeln schälen und in Ringe, den Schnittlauch waschen, trocken schütteln und in Röllchen schneiden. Alles in eine Schüssel füllen.
Aus Weißweinessig, Rapsöl, Salz, Pfeffer, etwas Zucker und Kümmel eine Marinade anrühren und unter den Wurstsalat mischen. Kurz ziehen lassen.

**Tipp:** Dazu passen ein frisches Bauernbrot und ein kaltes Bier.

*Katharina Enyedi, Cadolzburg*

# Chicorée-Auflauf

Für 4 Personen:

750 g schlanker Chicorée (ca. 8 kleine Stauden)
Salz
Zucker
Saft von 1 Zitrone
etwas Butter
ca. 8 Scheiben gekochter Schinken (1 Scheibe pro Chicorée)

Für die Sauce:
200 g Frischkäse
100 ml Milch
200 g saure Sahne
2 Eier
etwas Zucker
Salz und Pfeffer aus der Mühle
etwas geriebene Muskatnuss
200 g geriebener herzhafter Käse

Den Chicorée waschen, putzen und in ca. 1 ½ l leicht gesalzenem und gezuckertem Wasser mit etwas Zitronensaft bei geringer Hitze 5–10 Minuten bissfest garen. Danach gut abtropfen lassen.
Den Backofen auf 200–220 °C (Ober-/Unterhitze) vorheizen. Eine Auflaufform fetten, den Chicorée mit gekochtem Schinken umwickeln und nebeneinander in die Form legen.
Für die Sauce Frischkäse, Milch, saure Sahne, Eier, Zucker und die Gewürze mit 100 ml Wasser gut verrühren. Die Sauce über den Chicorée gießen, Käse darüberstreuen und etwa 20 Minuten im Ofen überbacken. Wenn die Sauce zu kochen beginnt, kurz den Oberhitzegrill einschalten, damit der Käse eine goldbraune Färbung annimmt.

**Tipp:** Dazu passen Salzkartoffeln oder Weißbrot.

*Hannelore Hell, Wiesenbronn*

# Panierter Spargel in Schinken und Käse

Für 4 Personen:

500 g Spargel
Salz
250 g Gouda in Scheiben
250 g gekochter Schinken in (großen) Scheiben

Für die Panade:
2 Eier
75 g Kürbiskernmehl
ca. 25 g Semmelbrösel
Mehl
etwas Öl

*Zahnstocher*

Den Spargel schälen und die holzigen Enden entfernen. In Salzwasser ca. 10 Minuten garen. Aus dem Topf heben und jeweils 2–3 Stangen Spargel mit je einer Scheibe Gouda und Schinken umwickeln. Mit Zahnstochern feststecken.
Für die Panade die Eier verquirlen. Kürbiskernmehl mit Semmelbröseln mischen. Mehl, Eier und die Kürbiskernmehl-Semmelbrösel nebeneinander in flachen Schalen bereitstellen. Den umwickelten Spargel zuerst in Mehl, dann in den verquirlten Eiern und abschließend in den Kürbiskernmehl-Semmelbröseln wenden. Etwas Öl in einer Pfanne erhitzen und den Spargel darin goldbraun ausbraten.

*Petra Schnell, Schnells Kürbiskerne, Kammerstein-Neppersreuth*

# Pilzpfanne

Für 4 Personen:

1 kg gemischte Pilze (z. B. Pfifferlinge, Steinpilze, Butterpilze, Maronen)
125 g Schalotten
2 Knoblauchzehen
1 Bund glatte Petersilie
5 Zweige Majoran
60 g Butterschmalz
150 g roher Schinken
Salz und Pfeffer aus der Mühle
4 EL Apfelbranntwein (z. B. Calvados)
125 g Crème double
150 g Crème fraîche

Die Pilze putzen und grobe Verunreinigungen mit einem Pinsel oder einem sauberen Tuch entfernen. Kleine Pilze am Stück lassen, große Exemplare und Stiele halbieren oder vierteln. Die Schalotten schälen, ein Viertel davon halbieren, den Rest fein hacken.
Die Kräuter waschen, trocken schütteln, die Blättchen abzupfen und hacken. Das Butterschmalz in einer Pfanne erhitzen und die Schalottenhälften darin 8–10 Minuten dünsten, dann herausnehmen und beiseitestellen. Jeweils ein Viertel der Pilze zusammen mit gehackten Schalotten in derselben Pfanne anbraten. Den rohen Schinken in Würfel schneiden und, sobald die Flüssigkeit in der Pfanne fast verdampft ist, ein Viertel davon zugeben. So lange weiterbraten, bis die Flüssigkeit erneut verdunstet ist, dann mit Salz und Pfeffer würzen und aus der Pfanne nehmen. Die übrigen Pilze, Schalotten und Schinkenwürfel portionsweise ebenso zubereiten. Zum Schluss alles zurück in die Pfanne geben. Den Knoblauch schälen, durch eine Presse drücken und mit andünsten. Die Kräuter untermischen und mit Salz und Pfeffer abschmecken. Nochmals alles herausnehmen und beiseitestellen. Den Apfelbranntwein in die Pfanne gießen und fast verdampfen lassen, dann Crème double und Crème fraîche einrühren und aufkochen. Die Pilzmischung vorsichtig untermischen und bei Bedarf erneut abschmecken.

**Tipp:** Dazu passen kleine, knusprig gebratene Kartoffeln.

*Kristine Brunner, Fischbach*

# Kartoffelpfanne

Für 4–6 Personen:

etwas Butter oder Öl
600 g Kartoffeln
1 Paprikaschote
200 g gekochter Schinken
200 g geriebener Käse (z. B. Emmentaler)
2 Eier
200 g Sahne
100 ml Milch
Salz und Pfeffer aus der Mühle
etwas geriebene Muskatnuss

Den Backofen auf 200 °C (Ober-/Unterhitze) vorheizen. Eine Auflaufform fetten.
Die Kartoffeln schälen, waschen und in dünne Scheiben schneiden. Die Paprika waschen, entkernen und in Streifen schneiden. Den Schinken würfeln. Kartoffeln, Paprika und Schinken mit zwei Dritteln des Käses mischen und in die Auflaufform füllen. Eier, Sahne und Milch verquirlen, kräftig würzen und über den Auflauf gießen. Mit restlichem Käse bestreuen und abgedeckt ca. 70 Minuten im Ofen garen.

*Tanja Spona, Charolaishof Spona, Markt Bibart*

# Speckkuchen

Für 4 Personen:

Für den Hefeteig:
200 ml Milch
100 g weiche Butter
1 Prise Zucker
20 g Salz
500 g Mehl
½ Würfel frische Hefe
2 Eier, plus 1 verquirltes Ei zum Bestreichen

Für die Füllung:
300 g Zwiebeln
300 g geräucherter Speck
Pfeffer aus der Mühle

*Trinkglas*

Die Milch in einem Topf lauwarm erhitzen, dann mit Butter, Zucker und Salz in eine Schüssel geben. Das Mehl sieben, die Hefe zerbröckeln und alles mit den Eiern zu einem geschmeidigen Teig verkneten. Den Hefeteig abgedeckt an einem warmen Ort 1 Stunde gehen lassen, bis sich sein Volumen verdoppelt hat.
Die Zwiebeln schälen und zusammen mit dem Speck fein würfeln. Mit Pfeffer würzen.
Den Backofen auf 170 °C (Ober-/Unterhitze) vorheizen. Ein Backblech mit Backpapier auslegen.
Den Hefeteig dünn ausrollen und kleine Häufchen der Speck-Zwiebel-Masse mit etwas Abstand auf einer Teighälfte verteilen. Den restlichen Teig darüberschlagen, mit einem Glas die Häufchen ausstechen und auf das Backblech setzen. Den restlichen Teig wieder verkneten, ausrollen und wie oben beschrieben fortfahren, bis alle Zutaten aufgebraucht sind. Die Speckkuchen mit verquirltem Ei bestreichen und im Ofen 15–20 Minuten goldbraun backen.

**Tipp:** Dazu passt ein Kartoffelsalat (siehe S. 33).

*Familie Wimbauer, Nennslingen*

# Herzhafter Kuchen mit Käse und Champignons

Für 4 Personen:

100 g Champignons
etwas Öl
Salz
100 g roher Schinken
100 g würziger Schnittkäse (45 % Fett)

Für den Teig:
125 ml Milch
150 g Mehl
1 Pck. Backpulver
3 Eier
100 ml Sonnenblumenöl
Salz und Pfeffer aus der Mühle
100 g geriebener Käse

Den Backofen auf 180 °C (Ober-/Unterhitze) vorheizen. Die Champignons putzen, mit einem Tuch trocken abreiben und klein schneiden. Etwas Öl in einer Pfanne erhitzen und die Champignons darin anbraten, bis das Pilzwasser verkocht ist, und salzen. Den Schinken in dünne Scheibchen, den Käse in Würfel schneiden. Beides zu den Pilzen geben.
Für den Teig die Milch lauwarm erhitzen. Mehl, Backpulver und Eier in einer Schüssel kräftig verquirlen. Nach und nach Öl, Milch, Salz, Pfeffer und den geriebenen Käse untermengen. Den Teig in eine ungefettete flache, ofenfeste Form geben und im Ofen 45 Minuten goldbraun backen. Die Champignon-Schinken-Käse-Masse darauf verteilen und servieren.

*Hannelore Hell, Wiesenbronn*

# Gefüllte Ofenkartoffeln

Für 4 Personen:

etwas Butter oder Öl
8 große Kartoffeln
8 Scheiben roher Schinken oder Lachsschinken
200 g Frischkäse light
etwas Milch
Salz und Pfeffer aus der Mühle
150 g geriebener Gouda

*Kugelausstecher*

Den Backofen auf 200 °C (Ober-/Unterhitze) vorheizen. Eine Auflaufform fetten. Die Kartoffeln waschen und mit Schale in einem Topf mit Wasser gar kochen. Abgießen, mit kaltem Wasser abschrecken, pellen und mit einem Kugelausstecher oder kleinen Löffel vorsichtig aushöhlen, dann in die Form setzen.
Den Schinken in schmale Streifen schneiden, mit Frischkäse, Milch und dem ausgehöhlten Kartoffelfleisch vermischen und würzen. Die Kartoffeln mit der Füllung versehen, mit Käse bestreuen und ca. 15 Minuten überbacken, bis der Käse geschmolzen ist.

**Tipp:** Wer mag, gibt vor dem Servieren noch Röstzwiebeln darüber.

*Gerlinde Herz, Cadolzburg*

# Fenchel-Calzone

Für 2–3 Personen:

500 g Fenchel (ca. 2 Knollen)
Olivenöl
Salz und Pfeffer aus der Mühle
1 Zwiebel
80 g Grana Padano
80 g Salami
1 Pck. Pizzateig (ca. 400 g, aus dem Kühlregal)
1 Kopfsalat
etwas Essig

Den Fenchel waschen und putzen, das Grün entfernen und beiseitelegen. Die Knollen in dünne Scheiben schneiden. Etwas Öl in einer großen Pfanne erhitzen und die Fenchelringe darin bei mittlerer Temperatur 10 Minuten braten. Gelegentlich umrühren, dann mit Salz und Pfeffer würzen.
Den Backofen auf 220 °C (Ober-/Unterhitze) vorheizen. Die Zwiebel schälen und würfeln, den Käse reiben, die Salami in Streifen schneiden. Den Pizzateig ausbreiten und zwei kreisförmige Teigstücke ausschneiden. Die Teigreste verkneten und mit dem Nudelholz zu einer dritten Teigplatte derselben Größe ausrollen. Die drei Pizzaböden jeweils zur Hälfte mit Fenchelgemüse, Käse, Salami und Zwiebel belegen, dabei einen leichten Rand frei lassen. Die unbelegte Teigseite über den Belag klappen und die Ränder mithilfe einer Gabel gut festdrücken. Die Oberseite der Calzone mit Olivenöl bestreichen und im Ofen 20 Minuten goldbraun backen.
Inzwischen den Salat gründlich waschen und in Stücke zupfen. Das Fenchelgrün hacken und zum Salat geben. Aus Öl, Essig, Salz und Pfeffer ein leichtes Dressing anrühren und über den Salat gießen. Mit der Calzone zusammen servieren.

*Hannah Winkler von Mohrenfels, abokiste Landgut Schloss Hemhofen, Hemhofen*

# Fisch

## Gebackenes Karpfenfilet mit Champignonsauce

Für 2 Personen:

1–2 frische Karpfenfilets (z. B. aus dem Aischgrund), küchenfertig
etwas Zitronensaft
Salz und Pfeffer aus der Mühle
etwas Mehl
1–2 EL Butterschmalz oder Rapsöl

Für die Sauce:
1 Zwiebel
200 g Champignons
Salz und Pfeffer aus der Mühle
ca. 200 ml heller Frankenwein
½ Bund Petersilie
200 g Sahne
Speisestärke, bei Bedarf

Den Backofen auf 50 °C vorheizen. Die Karpfenfilets waschen, mit Küchenpapier trocken tupfen und mit Haut jeweils in 2–3 Stücke teilen (so lässt sich das Filet in der Pfanne leichter wenden). Mit etwas Zitronensaft säuern und mit Salz und Pfeffer würzen. Anschließend leicht mit etwas Mehl bestäuben. Das Butterschmalz in einer Pfanne erhitzen und die Stücke mit der Hautseite zuerst anbraten. Vorsichtig wenden und den Fisch fertig garen, bis er in der Mitte nicht mehr glasig ist. Die fertigen Filets aus der Pfanne nehmen und auf einer Platte im Ofen warm stellen.
Für die Sauce die Zwiebel schälen und fein würfeln. Die Champignons putzen, mit einem Tuch trocken abreiben und in Scheiben schneiden. Zwiebel und Champignons in derselben Pfanne wie zuvor den Fisch anbraten. Mit Salz und Pfeffer würzen, dann mit Wein ablöschen. Die Petersilie waschen und hacken. Sahne und die Hälfte der Petersilie zugeben. Die Sauce bei Bedarf mit etwas Speisestärke binden. Die warm gehaltenen Karpfenfilets aus dem Ofen nehmen, die Champignonsauce darübergießen und mit etwas Petersilie garniert servieren.

**Tipp:** Dazu passt ein Kartoffelsalat (siehe S. 33) und ein Silvaner Frankenwein.

*Andrea Dietsch, Teichwirtschaft Dietsch, Uehlfeld*

# Karpfenschnitzel

Für 2 Personen:

2 frische Karpfenfilets, küchenfertig
Salz und Pfeffer aus der Mühle
3–5 EL Gemüsemeerrettich (je nach Größe der Filets, aus dem Glas)

Für die Panade:
1 Ei
50 g Mehl
50 g Semmelbrösel
etwas Butterschmalz

Die Karpfenfilets waschen, mit Küchenpapier trocken tupfen und mit Salz und Pfeffer würzen. Anschließend mit Meerrettich einreiben, sodass die Filets schön bedeckt sind.
Das Ei mit einer Gabel in einem tiefen Teller verquirlen. Mehl und Semmelbrösel in separaten Tellern bereitstellen. Die Filets zunächst im Mehl, danach im Ei und zuletzt in den Semmelbröseln wenden (wie bei einem Schnitzel). Das Butterschmalz in einer Pfanne erhitzen und die panierten Karpfen darin goldbraun ausbacken.

**Tipp:** Dazu passt hervorragend ein Kartoffelsalat (siehe S. 33).

*Andrea Dietsch, Teichwirtschaft Dietsch, Uehlfeld*

# Karpfenfilet »Braumeister«

Für 4 Personen:

4 frische Karpfenfilets (à 180 g), küchenfertig
Salz und Pfeffer aus der Mühle (und andere Gewürze, nach Belieben)
etwas Öl
100 g Steinpilze
½ kleine Zwiebel
20 g Butter
1 EL dunkles Bier
etwas Fischfond
1 EL Sahne
etwas gehackte Petersilie

Den Backofen auf 50 °C vorheizen. Die Karpfenfilets waschen, mit Küchenpapier trocken tupfen und mit Salz und Pfeffer würzen. Mit etwas Öl von beiden Seiten in einer Pfanne anbraten, danach im Ofen warm stellen.
Die Pilze putzen, mit einem trockenen Tuch abreiben und in Scheiben schneiden. Die Zwiebel schälen und fein hacken. Pilze und Zwiebel in der Butter andünsten, mit dunklem Bier ablöschen, Fischfond hinzugießen und alles aufkochen lassen. Abschmecken und vor dem Servieren Sahne und Petersilie einrühren.
Die Karpfenfilets mit der Pilzbeilage anrichten.

*Christa Ebert, Ipsheim*

# Aischgründer Karpfen blau mit Sahnemeerrettich

Für 4 Personen:

1 Karpfen (ca. 1 ½ kg, aus dem Aischgrund), küchenfertig
250 ml trockener Weißwein
1 TL weiße Pfefferkörner
Salz
125 g Sahne
1 Prise Zucker
1 TL Zitronensaft
1 EL Gemüsemeerrettich (aus dem Glas)
Zitronenschnitze zum Servieren

Den Karpfen am besten vom Fischhändler zurechtmachen und in Portionsstücke zerteilen lassen. Etwa 500 ml Wasser mit Weißwein, Pfefferkörnern und 1 TL Salz in einem großen Fischtopf oder Bräter erhitzen. Aufkochen, den Karpfen hineinlegen, den Topf abdecken und etwa 15 Minuten gar ziehen lassen.
Inzwischen die Sahne steif schlagen und mit Zucker, Zitronensaft, etwas Salz und Meerrettich verrühren. Den gegarten Karpfen mit einem Schaumlöffel aus dem Fischsud heben, gut abtropfen lassen und auf eine vorgewärmte Platte legen. Mit Sahnemeerrettich und Zitronenschnitzen servieren.

**Tipp:** Zum Karpfen passen Petersilienkartoffeln und grüner Salat mit Zitronendressing.

*Ramona Lutz, Aischtaler Meerrettich- u. Konservenfabrik Lutz, Uehlfeld*

# Geräuchertes Forellenfilet

Für 4 Personen:

1 mittelgroße Zwiebel
½ EL Butter
125 ml Fleischbrühe
100 g Crème fraîche
200 g Sahne
4 geräucherte Forellenfilets (alternativ Lachs, Lachsforelle, Saibling, Waller), küchenfertig
100 g geräuchertes Bauchfleisch

Den Backofen auf 180 °C (Ober-/Unterhitze) vorheizen. Die Zwiebel schälen, klein schneiden und in der Butter glasig dünsten. Fleischbrühe, Crème fraîche und Sahne einrühren und kurz aufkochen. Die geräucherten Forellenfilets enthäuten, in eine kleine Auflaufform legen und mit der Sauce begießen. Das Bauchfleisch würfeln und über den Fisch streuen. Etwa 10–15 Minuten im Ofen überbacken.

**Tipp:** Reis, Nudeln oder Salzkartoffeln mit Salat oder Butterbohnen dazureichen.

*Michaela Gerstner-Scheller, Fischzuchtbetriebe Gerstner, Obervolkach*

# Grillforelle

Für 4 Personen:

Salz und Pfeffer aus der Mühle
¼ Pck. Gewürzmischung für Fisch (nach Belieben)
4 ganze Forellen oder Saiblinge, küchenfertig
1 Tomate
20 g Kräuterbutter
4 Stängel Petersilie
4 Zweige Thymian
weitere Kräuter (nach Belieben)
etwas Butter

In 2 l Wasser 200 g Salz auflösen und etwas Pfeffer darüberstäuben. Nach Belieben die Gewürzmischung zugeben. Die Fische 2 Stunden in dem Sud einlegen. Anschließend herausnehmen und abtropfen lassen.
Die Tomate waschen, entstrunken und achteln. Kräuter waschen und trocken schütteln. Die Bauchhöhlen der Forellen mit Tomate, Kräuterbutter, Petersilie, Thymian und nach Belieben anderen Kräutern füllen. Etwa 10 Minuten in einer Grillpfanne in Butter oder auf dem Grill garen.

**Tipp:** Wir empfehlen unsere Gerstner-Gewürzmischung für Fisch!

*Michaela Gerstner-Scheller, Fischzuchtbetriebe Gerstner, Obervolkach*

# Forelle im Kräutermantel

Für 2 Personen:

2 Forellen, küchenfertig
1 Bio-Zitrone
100 ml Öl
Salz
100 g Kräutermischung nach Geschmack
200 g Kirschtomaten
4 Zweige Rosmarin
Pfeffer aus der Mühle

Den Backofen auf 200 °C (Ober-/Unterhitze) vorheizen. Die Forellen waschen und trocken tupfen. Die Zitrone warm waschen und in Scheiben schneiden. Aus Öl, 2 TL Salz und der Kräutermischung eine Paste herstellen. Die Forellen gut damit einreiben, innen salzen, je 2–3 Zitronenscheiben in den Bauch stecken und in eine feuerfeste Form legen. Mit Kirschtomaten und Rosmarinzweigen bedecken und mit etwas Pfeffer würzen. Abgedeckt 30–40 Minuten im Ofen garen.

*Melanie Hofmann, Ferienhäuser zur Schäferei, Mitwitz*

# Spaghetti mit geräucherter Lachsforelle

Für 2 Personen:

200 g Spaghetti
½ Zwiebel
1 Knoblauchzehe
etwas Öl
200 ml Milch
100 g Frischkäse
Salz und Pfeffer aus der Mühle
200 g geräucherte Lachsforelle
geriebener Parmesan zum Servieren (nach Belieben)

Die Spaghetti in ausreichend Salzwasser al dente garen.
Inzwischen für die Sauce Zwiebel und Knoblauch schälen, klein schneiden und in etwas Öl andünsten. Mit der Milch aufgießen, den Frischkäse einrühren, aufkochen und mit Salz und Pfeffer würzen. Die geräucherte Lachsforelle in Stücke zupfen, in die Sauce geben und ein paar Minuten ziehen lassen. Die Spaghetti im Nudelsieb abtropfen lassen und mit der Sauce servieren. Nach Belieben geriebenen Parmesankäse darüberstreuen.

*Maria Schwegel, Forellenzucht Aufseßtal, Wiesenttal*

# Lachsrolle

Für 4 Personen:

180 g TK-Rahmspinat
1 Ei
200 g geriebener Käse (z. B. Gouda)
200 g Kräuterfrischkäse
200 g Räucherlachs in dünnen Scheiben

Den Spinat zum Auftauen aus dem Gefrierfach nehmen. Den Backofen auf 200 °C (Ober-/Unterhitze) vorheizen. Ein Backblech mit Backpapier auslegen. Spinat und Ei verquirlen. Die Masse auf das Backblech streichen und den Käse daraufstreuen. Etwa 15 Minuten im Ofen backen, bis der Käse goldbraun ist.
Herausnehmen und vollständig abkühlen lassen. Dann mit Frischkäse bestreichen, den Lachs darauflegen und mithilfe des Backpapiers fest zusammenrollen. Die Lachsrolle in Alufolie einschlagen, damit sie ihre Form behält. Für 8 Stunden im Kühlschrank kalt stellen, danach in Scheiben schneiden und servieren.

*Hannelore Hell, Wiesenbronn*

# Räucherlachskuchen

Für 4 Personen:

125 ml Milch
150 g Mehl
1 Pck. Backpulver
3 Eier
Salz und Pfeffer aus der Mühle
100 ml Sonnenblumenöl
100 g geriebener Käse
200 g Räucherlachs
1 Bund Schnittlauch

Den Backofen auf 180 °C (Ober-/Unterhitze) oder 160 °C (Umluft) vorheizen.
Die Milch in einem Topf lauwarm erwärmen. Mehl und Backpulver in eine Schüssel sieben. Eier, Salz und Pfeffer zufügen und mit dem Schneebesen kräftig verquirlen. Nach und nach Öl, warme Milch und geriebenen Käse dazugeben. Den Lachs in dünne Streifen schneiden, Schnittlauch waschen, trocken schütteln, hacken und beides unter den Teig heben.
Die Teigmasse in einer ungefetteten Auflaufform verteilen und 45 Minuten im Ofen backen.

*Hannelore Hell, Wiesenbronn*

# Räucherlachs in Blätterteig mit fränkischem Kren und Preiselbeeren

Für 4 Personen:

2 Bund Dill (alternativ TK)
2 Pck. Blätterteig (aus dem Kühlregal)
400 g Preiselbeeren (aus dem Glas)
250 g fränkischer Meerrettich (Kren, aus dem Glas), Sorte je nach gewünschter Schärfe
400 g Räucherlachs in dünnen Scheiben
etwas Milch
1 Eigelb

Den Backofen auf 180–200 °C (Ober-/Unterhitze) vorheizen. Den Dill waschen, trocken schütteln und fein hacken. Die Blätterteige ausrollen, einen davon auf ein Backblech legen. Mit je der Hälfte Preiselbeeren und Meerrettich bestreichen, dann mit der Hälfte Dill bestreuen. Alles mit dem Lachs belegen, dann restlichen Meerrettich, Preiselbeeren sowie Dill darauf verteilen. Mit dem zweiten Blätterteig abdecken. Etwas Milch mit dem Eigelb verquirlen und den Blätterteig damit bestreichen. Mit einer Gabel ein paarmal einstechen, damit beim Backen Dampf entweichen kann, und ca. 45 Minuten bis zur gewünschten Bräune im Ofen backen.

*Stefan Igelhaut, Obstbaumpflege und Imkerei, Oberferrieden*

# Zander im Reisbett

Für 2 Personen:

1 Bio-Zitrone
1 ganzer Zander, abgeschuppt und küchenfertig (alternativ auch andere Fischsorten)
2 Zwiebeln
3 EL Rapsöl, plus etwas mehr für die Form
200 g Langkornreis
750 ml Gemüsebrühe
Salz und Pfeffer aus der Mühle
6 EL Mehl
2 EL Paprikapulver
5 EL Butter
200 g Sahne
Zitronenscheiben zum Servieren

Die Zitrone warm waschen, abtrocknen, die Schale fein abreiben und den Saft auspressen. Den Zander waschen, mit Küchenpapier trocken tupfen und auf beiden Seiten sowie innen mit Zitronensaft beträufeln. Die Zwiebeln schälen und fein würfeln. In einem Topf das Öl erhitzen und die Zwiebeln darin anschwitzen. Den Reis zugeben und unter Rühren glasig dünsten. Mit Gemüsebrühe ablöschen und den Reis ca. 20 Minuten garen, dann den Zitronenabrieb einrühren.
Den Backofen auf 200 °C (Ober-/Unterhitze) vorheizen. Den Fisch auf beiden Seiten je dreimal vom Bauch zur Mittelgräte einschneiden und mit Salz und Pfeffer einreiben. Mehl und Paprikapulver in einem tiefen Teller mischen und den Fisch darin wenden.
Eine Auflaufform mit etwas Öl auspinseln. Den Reis in die Form füllen und den Zander mittig mit dem Bauch nach unten darauf platzieren (durch die Einschnitte sollte der Zander von alleine im Reisbett stehen, ansonsten kann eine geschälte, rohe Kartoffel als Stütze in den Bauch gesteckt werden). In einem Topf die Butter zerlassen und zusammen mit der Sahne über den Fisch gießen. Auf der mittleren Schiene im Ofen etwa 40 Minuten garen. Wenn die Mittelgräte sich leicht lösen lässt, ist der Fisch fertig. Den Zander im Ganzen auf dem Reisbett mit Zitronenscheiben servieren. Durch die Einschnitte lassen sich Portionen einfach abteilen.

*Andrea Dietsch, Teichwirtschaft Dietsch, Uehlfeld*

# Dorade im Salzteig

Für 4 Personen:

1 Bio-Orange
1 Bund Basilikum
½ Bund Petersilie, plus mehr zum Garnieren (nach Belieben)
2 ausgenommene Doraden (à ca. 700 g)
3 kg grobes Meersalz
4 Eier
100 g Mehl
40 g Speisestärke

Den Backofen auf 200 °C (Ober-/Unterhitze) vorheizen. Die Orange waschen und in Scheiben schneiden. Basilikum und Petersilie ebenfalls waschen, dann trocken schütteln und mit den Orangenscheiben in die Bauchhöhlen der Fische füllen. Meersalz, Eier, Mehl, Stärke und 4 EL kaltes Wasser in einer großen Schüssel vermengen. Ein Backblech mit Alufolie auslegen. Ein Drittel der Salzmischung darauf zu etwa fischgroßen Sockeln formen. Die Fische darauflegen, mit dem restlichen Salzteig großzügig bedecken und andrücken.
Die Doraden 35–40 Minuten im Ofen backen, dann herausnehmen und 5 Minuten ruhen lassen. Die harte Salzkruste mit einem Fleischklopfer aufschlagen.
Zum Filetieren die obere Haut der Fische entfernen. Das Filet vorsichtig von der Mittelgräte ablösen, die Gräte mit einer Gabel abheben und das untere Filet vorsichtig aus der Haut nehmen. Die Filets auf Tellern anrichten und nach Belieben mit etwas Petersilie bestreut servieren.

**Tipp:** Die Doraden mit einem Risotto servieren.

*Katharina Petschner, Wachendorf*

# Thunfischsalat

Für 4–6 Personen:

6–7 Eier
500 g Thunfisch in Öl (aus der Dose)
200 g Kapern (aus dem Glas)
ca. 50 g Sardellen in Öl (aus der Dose)
1 EL mittelscharfer Senf

Die Eier in sprudelndem Wasser 8–10 Minuten (je nach gewünschtem Härtegrad) kochen, anschließend mit kaltem Wasser abschrecken, pellen und klein würfeln. Thunfisch, Kapern und Sardellen abtropfen lassen, die Sardellen klein schneiden. Zusammen mit den Eiern in eine Schüssel geben. Senf zufügen, den Salat gut vermengen und ca. 2–3 Stunden im Kühlschrank ziehen lassen.

*Katharina Petschner, Wachendorf*

# Matjessalat

Für 4 Personen:

Für den Sud:
1 kleine Zwiebel
1–2 EL Gewürzessig
1 Lorbeerblatt
1 TL Wacholderbeeren

Für den Salat:
1 Bio-Apfel
4 Gewürzgurken
8 Matjesfilets
400 g Sahne
Salz und Pfeffer aus der Mühle

Für den Sud die Zwiebel schälen, vierteln und in Scheiben schneiden. Mit Essig, Lorbeerblatt und Wacholderbeeren in etwas kochendem Wasser kurz dünsten, dann abkühlen lassen.
Den Apfel waschen und das Kerngehäuse entfernen. Die Gewürzgurken vierteln. Beides in dünne Scheiben schneiden. Den Matjes in mundgerechte Stücke zerteilen. Alles mit dem Sud und Sahne mischen und mit Salz und Pfeffer würzen.

**Tipp:** Den Matjessalat mit Salzkartoffeln servieren. Wir verwenden am liebsten den selbst gemachten Gewürzessig der Stadt-Apotheke Lauf.

*Barbara Schlegl, Lauf a. d. Pegnitz*

# Vegetarisch

## Vegetarische Partysemmeln

Für 4–6 Personen:

1 Ei
1 Zwiebel
1 rote Paprikaschote
200 g Amarantaufstrich (aus dem Glas)
1 gehäufter EL Amarant-Vollkornflocken
75 g geriebener Käse, plus etwas mehr zum Überbacken
Kräuter nach Geschmack
Salz und Pfeffer aus der Mühle
Paprikapulver
5–7 Semmeln (je nach Größe)

Den Backofen auf 180 °C (Umluft) vorheizen. Das Ei schaumig schlagen. Die Zwiebel schälen, die Paprika waschen, entkernen und beides in kleine Würfel schneiden. Die Eimasse mit Zwiebel, Paprika, Amarantaufstrich, Vollkornflocken, Käse und beliebigen Kräutern vermengen. Mit Salz, Pfeffer und Paprikapulver abschmecken.
Die Semmeln halbieren und mit der Masse bestreichen. Etwas Käse darüberstreuen und ca. 20 Minuten im Ofen auf der mittleren Schiene überbacken.

**Tipp:** Amarantprodukte gibt es bspw. bei Bärnkrafft Amarant, im Bioladen oder im Reformhaus.

*Hans Bär, Bärnkrafft Amarant, Petersaurach*

## Griechischer Nudelsalat

Für 2–4 Personen:

250 g kurze Makkaroni
Salz
½ TL Senf
5 EL Orangensaft
2 EL Olivenöl
1 Bund Thymian
½ Bio-Salatgurke
4 Tomaten
150 g Schafskäse
40 g entsteinte schwarze Oliven
Pfeffer aus der Mühle

Die Nudeln in sprudelndem Salzwasser bissfest kochen. Inzwischen 1 TL Salz, Senf und Orangensaft mit dem Schneebesen verquirlen. Das Öl langsam unterschlagen. Den Thymian waschen, die Blättchen abzupfen und unter die Vinaigrette heben.
Die Nudeln abgießen und kalt abschrecken. Sofort mit der Vinaigrette vermengen und ca. 20 Minuten ziehen lassen. Das Gemüse waschen. Gurke und Käse würfeln, Tomaten und Oliven in Scheiben schneiden. Alles vorsichtig mit den Nudeln vermengen und mit Pfeffer bestäubt servieren.

*Heike Rösel, Wachendorf*

# Kürbisnudeln mit frischem Gemüse der Saison

Für 2 Personen:

2 Bio-Karotten
1 Paprikaschote
2 kleine Zucchini
1 kleiner Kohlrabi
½ Stange Lauch
2 Blätter Chinakohl
1 Zwiebel
Olivenöl
100 ml Gemüsebrühe
etwas Weißwein
250 g Kürbisnudeln
Salz
1–2 cm frischer Ingwer
Pfeffer aus der Mühle
geriebener Parmesan zum Servieren

Karotten, Paprika, Zucchini, Kohlrabi, Lauch und Chinakohl waschen, putzen und in kleine Würfel bzw. Streifen schneiden. Die Zwiebel schälen und fein würfeln. Das Gemüse in etwas Olivenöl anbraten, dann mit Brühe und Wein ablöschen. Bei geringer Temperatur einige Minuten abgedeckt köcheln lassen.
In der Zwischenzeit die Nudeln in leicht gesalzenem Wasser al dente garen. Einen Schöpflöffel vom Nudelwasser zum Gemüse geben. Die Nudeln abgießen. Den Ingwer schälen und fein reiben. Das Gemüse mit Ingwer sowie Salz und Pfeffer abschmecken. Die Nudeln mit dem Gemüse auf Tellern anrichten und mit Parmesan bestreut servieren.

**Tipp:** Kürbisnudeln gibt es z. B. in unserem »Nudellädchen« in Lohr sowie im Onlineshop.

*Magdalena Bieberstein, Burk's Nudeln, Lohr*

# Salbei-Walnuss-Nudeln

Für 4 Personen:

500 g Vollkornnudeln
Salz
10–12 Salbeiblätter
80 g gehackte Walnusskerne
50 ml Rapsöl
Saft von ½ Zitrone
Pfeffer aus der Mühle
100 g geriebener Hartkäse
Salbeiblüten zum Garnieren

Die Nudeln in kochendem Salzwasser bissfest garen. Den Salbei waschen, trocken schütteln und in Streifen schneiden, die Walnüsse trocken in der Pfanne anrösten. Öl zugeben und den Salbei kurz andünsten.
Die Nudeln abseihen und mit dem Salbei-Walnuss-Öl mischen. Mit Zitronensaft, Salz und Pfeffer abschmecken. Den Käse darüberstreuen und die Nudeln mit Salbeiblüten garniert servieren.

*Melanie Hofmann, Ferienhäuser zur Schäferei, Mitwitz*

# Nudeln mit Gorgonzola-Sahne-Sauce

Für 2 Personen:

300 g Nudeln
Salz
200 g Gorgonzola
100 g Sahne
½ TL geriebene Muskatnuss
1 EL getrocknetes Basilikum
Pfeffer aus der Mühle

Die Nudeln in kochendem Salzwasser al dente garen. Den Käse in grobe Würfel schneiden und in einem Topf bei milder Hitze in der Sahne zum Schmelzen bringen, bis eine sämige Konsistenz entstanden ist. Mit Muskatnuss, Basilikum sowie Salz und Pfeffer abschmecken. Die Nudeln abgießen, mit der Sauce vermengen und servieren.

**Tipp:** Die Nudeln eignen sich hervorragend als Beilage zu Schweinemedaillons im Speckmantel. Wir verwenden am liebsten unsere Moringa-Landnudeln.

*Günther Jeckel, Spessarthof, Aura*

# Nudeln mit Spinat-Käse-Sauce

Für 2 Personen:

450 g TK-Rahmspinat
300 g Nudeln
Salz
20 g Butter
1 Zwiebel
1 Knoblauchzehe
50 g Sahne
100 g Kräuterschmelzkäse
Pfeffer aus der Mühle
etwas geriebene Muskatnuss

Den Spinat aus dem Tiefkühlfach nehmen und auftauen lassen. Die Nudeln in kochendem Salzwasser bissfest garen. Die Butter in einer Pfanne erhitzen. Die Zwiebel schälen und würfeln, die Knoblauchzehe schälen und durch die Presse drücken. Beides in der heißen Butter andünsten. Spinat und Sahne zufügen und bei mittlerer Hitze erwärmen, dann den Kräuterschmelzkäse in der Sauce auflösen. Mit Salz, Pfeffer und Muskatnuss abschmecken.
Die Nudeln abgießen und mit der Sauce servieren.

*Tanja Spona, Charolaishof Spona, Markt Bibart*

# Kürbisgnocchi in Salbeibutter

Für 4 Personen:

400 g Hokkaido-Kürbis
200 g Mehl, plus mehr bei Bedarf
1 Prise Zucker
2 Eier
Salz und Pfeffer aus der Mühle
50 g Butter
2 EL Salbeiblätter
geriebener Parmesan zum Servieren

Den Backofen auf 180 °C (Ober-/Unterhitze) vorheizen. Ein Backblech mit Backpapier auslegen.
Den Kürbis gut waschen, halbieren, entkernen und in grobe Stücke schneiden. Auf dem Backblech verteilen und ca. 30 Minuten im Ofen garen, bis der Kürbis weich ist. Herausnehmen und abkühlen lassen.
Den Kürbis entweder mit der Gabel zerdrücken oder in der Küchenmaschine zerkleinern. Mehl, Zucker und Eier untermischen, mit Salz und Pfeffer würzen und zu einem festen Teig verkneten. Falls er zu weich ist, zusätzliches Mehl einarbeiten.
Aus dem Teig fingerdicke Rollen formen und in ca. 1 cm lange Stücke schneiden. Die Kürbisnudeln nach Belieben noch runden und über die Zacken einer Gabel rollen.
Die Gnocchi in kochendes Salzwasser geben. Sie sind gar, wenn sie an der Oberfläche schwimmen. Mit einem Schaumlöffel herausheben und abtropfen lassen.
Den Salbei waschen, trocken schütteln und in Streifen schneiden. Butter und Salbei in einer Pfanne aufschäumen und die Gnocchi darin schwenken. Mit Parmesan bestreut servieren.

**Tipp:** Wem die Salbeibutter nicht genug ist, kann auch die selbst gemachte Tomatensauce von S. 26 dazureichen.

*Steffi Wening, Stophelhof, Heilsbronn*

# Gnocchi in Salbeibutter

Für 4 Personen:

Für den Teig:
500 g Kartoffeln
100 g Mehl, plus etwas mehr zum Arbeiten
2 Eigelb
Salz
etwas geriebene Muskatnuss

Für die Butter:
75 g Butter
8–10 Salbeiblätter
1–2 Knoblauchzehen

*Kartoffelpresse*

Die Kartoffeln in einem Topf mit Wasser etwa 20 Minuten gar kochen, dann abgießen, kalt abschrecken, pellen und durch eine Kartoffelpresse in eine Schüssel drücken. Mehl, Eigelbe, etwas Salz und Muskatnuss zugeben und alles zu einem Teig verkneten. Den Teig auf einer bemehlten Arbeitsfläche portionsweise zu länglichen Rollen formen. In etwa 2 cm lange Stücke schneiden und mit den Zinken einer Gabel ein Muster eindrücken. Portionsweise in kochendem Salzwasser ca. 5 Minuten garen, bis sie an der Oberfläche schwimmen. Mit einem Schaumlöffel herausheben.

Die Butter in einer Pfanne zerlassen. Den Salbei waschen, trocken tupfen und fein schneiden. Den Knoblauch schälen und würfeln. Beides in der Butter glasig dünsten, dann über die Gnocchi geben.

*Katharina Petschner, Wachendorf*

# Käsespätzle

Für 4 Personen:

Salz
300 g Bergkäse
3 große Zwiebeln
etwas Butter

Für den Teig:
500 g Mehl
1 EL Öl
3 TL Salz
6 Eier

*Spätzlehobel*

In einem Topf ausreichend Salzwasser zum Kochen bringen. Aus Mehl, Öl, Salz, Eiern und 250 ml Wasser mithilfe des Handrührgeräts (Knethaken) einen zähflüssigen Teig herstellen. Diesen löffelweise durch den Spätzlehobel oder von einem Brett portionsweise in das kochende Wasser schaben. Sobald die Spätzle an der Oberfläche schwimmen, mit einem Schaumlöffel herausheben und auf Schüsseln verteilen. Den Bergkäse fein über die Spätzle reiben und alles gut vermischen. Die Zwiebeln schälen, in Ringe schneiden und in etwas Butter goldbraun anbraten. Auf die Spätzle geben und servieren.

*Ute Rupp, Ottensoos*

# Spargelgemüse mit Eierplätz

Für 2–4 Personen:

Für das Gemüse:
1 kg Spargel
Salz
1–2 TL Butter
2 EL Mehl
Pfeffer aus der Mühle
etwas geriebene Muskatnuss
1 Eigelb

Für die Eierplätz:
4 Semmeln vom Vortag
etwas Milch
3–4 Stängel Petersilie
3 Eier
Salz und Pfeffer aus der Mühle
Paprikapulver
Semmelbrösel, bei Bedarf
etwas Butter

Für das Gemüse den Spargel schälen und in ca. 2–3 cm große Stücke schneiden, holzige Enden dabei entfernen. Den Spargel in etwas Salzwasser bissfest kochen, dann herausnehmen. Das Spargelwasser noch nicht abgießen, sondern beiseitestellen. Die Butter in einem Topf zerlassen. Mit Mehl eine Mehlschwitze (Einbrenne) herstellen. Diese mit etwas Spargelwasser aufgießen, bis die Masse sämig wird. Die entstandene Sauce mit Salz, Pfeffer und Muskat abschmecken. Den Topf vom Herd nehmen, das Eigelb verquirlen und in die Sauce rühren. Den Spargel zufügen, nochmals abschmecken und warm stellen.

Für die Eierplätz die Semmeln in Scheiben schneiden und in Milch einweichen. Nicht zu viel Milch verwenden, sonst wird die Masse zu flüssig. Die Petersilie waschen, trocken schütteln und fein schneiden. Eier, Salz, Pfeffer, Paprikapulver und Petersilie gut mit den Semmeln vermengen. Falls der Teig zu flüssig ist, Semmelbrösel einarbeiten, falls er zu fest ist, noch etwas Milch dazugießen. Mit einem Esslöffel kleine Portionen abstechen und in einer Pfanne in etwas heißer Butter hellbraun ausbacken. Die Eierplätz zusammen mit dem Spargelgemüse auf Tellern anrichten und servieren.

*Stephan Fischer, Fürth*

# Kohlrabi mit Spätzle

Für 4 Personen:

3 mittelgroße Kohlrabi
1–2 Karotten (nach Belieben)
2 Zwiebeln
etwas Margarine oder Butter
Salz und Pfeffer aus der Mühle
½–1 l Gemüsebrühe
etwas geriebene Muskatnuss
etwas gehackte Petersilie zum Garnieren

Für den Teig:
200 g Mehl
2 Eier
1 Prise Salz

Die Kohlrabi schälen und in Würfel, Stifte oder Scheiben schneiden. Die kleineren Blättchen ebenfalls zerkleinern. Falls verwendet, die Karotten putzen, schälen und würfeln. Die Zwiebeln schälen, in feine Würfel schneiden und in einer Pfanne mit Margarine oder Butter anschwitzen. Kohlrabi und Karotten zugeben und mitdünsten. Mit Salz und Pfeffer würzen. Reichlich Gemüsebrühe angießen, sodass das Gemüse gut bedeckt ist, und bissfest garen.
Den Spätzleteig mit Mehl, Eiern, etwas Salz und ein paar EL Wasser anrühren. Mit einem Teelöffel kleine Häufchen abstechen und zum Gemüse in die heiße Brühe setzen. Die Kohlrabiblätter zugeben. Wenn die Spätzle an der Oberfläche schwimmen, sind sie gar und das Gemüse gebunden. Bei Bedarf noch mal mit Salz, Pfeffer sowie etwas Muskatnuss abschmecken und mit gehackter Petersilie bestreut servieren.

*Inge Philipp, Obermichelbach*

# Dinkelreis-Risotto mit Roter Bete und Ziegenkäse

Für 4 Personen:

1 große Zwiebel
1 EL Olivenöl
450 g gegarte Rote Bete
2 Knoblauchzehen
2 Zweige Rosmarin
300 g Dinkelreis
1 l Gemüsebrühe
Salz und Pfeffer aus der Mühle
100 g Ziegenkäse oder Feta
Minzeblättchen und gehobelte Mandeln zum Garnieren

Die Zwiebel schälen und fein würfeln. Das Olivenöl in einer großen Pfanne erhitzen und die Zwiebel darin glasig schwitzen. Die Rote Bete im Mixer pürieren. Den Knoblauch schälen, den Rosmarin waschen, trocken schütteln, die Nadeln abzupfen und zusammen mit dem Knoblauch fein hacken. Zu den Zwiebeln geben und 1 Minute mitdünsten. Den Dinkelreis zufügen und 1–2 Minuten mit anbraten. Mit einem Schöpfer Brühe ablöschen und rühren, bis die Flüssigkeit vollständig aufgesogen ist. Nach und nach die restliche Brühe zugießen, dabei ständig rühren und die Flüssigkeit immer wieder voll einziehen lassen. Das dauert etwa 30 Minuten. Anschließend das Rote-Bete-Püree einrühren und den Reis mit Salz und Pfeffer abschmecken.
Den Risotto zum Servieren auf Teller verteilen, Ziegenkäse darüberkrümeln und mit Minzeblättern sowie gehobelten Mandeln garnieren.

*Rebekka May, Biohof May, Junkershausen*

# Auberginen-Zucchini-Gratin mit Linsen

Für 4 Personen:

250 g getrocknete rote Linsen
500 ml Gemüsebrühe
2 Zucchini
1 Aubergine
1 EL Butter, plus etwas mehr für die Form
Salz und Pfeffer aus der Mühle
1 Knoblauchzehe
100 g saure Sahne
1 EL Weinessig
etwas gehackte Petersilie
60 g geriebener Emmentaler

Die Linsen nach Packungsanleitung entweder erst einweichen oder gleich in der Gemüsebrühe garen. Den Backofen auf 200 °C (Ober-/Unterhitze) vorheizen. Eine Auflaufform fetten.
Zucchini und Aubergine waschen, putzen und würfeln. In etwas Butter anbraten und mit Salz und Pfeffer würzen. Linsen und Gemüse in der Form verteilen. Den Knoblauch schälen und fein hacken. Mit saurer Sahne, Essig, Petersilie, Salz und Pfeffer mischen und über die Linsen-Gemüse-Mischung gießen. Mit Käse bestreuen und 15–20 Minuten im Ofen überbacken.

**Tipp:** Dazu schmeckt ein frischer Blattsalat.

*Gerlinde Herz, Cadolzburg*

# Vegetarische Wokpfanne

Für 4–6 Personen:

2 TL Butterschmalz oder Öl
4 Zwiebeln
3 Knoblauchzehen
2–3 cm frischer Ingwer
500 g Kartoffeln
500 g Brokkoli
200 ml Kokosmilch
350 g Kichererbsen (aus der Dose)
Salz und Pfeffer aus der Mühle
1 EL Limettensaft
je 1 ½ TL gemahlener Koriander, Fenchel und Kreuzkümmel (Cumin)
Koriandergrün oder andere Gartenkräuter

Im Wok oder einer tiefen Pfanne das Schmalz erhitzen. Zwiebeln, Knoblauch und Ingwer schälen, würfeln und im Schmalz kurz anbraten. Die Kartoffeln schälen und in feine Scheiben schneiden. Den Brokkoli waschen und in kleine Röschen zerteilen. Beides in den Wok geben und mitbraten.
Mit Kokosmilch ablöschen und bei geschlossenem Deckel ca. 5–10 Minuten garen, bis die Kartoffeln weich sind, der Brokkoli darf noch etwas Biss haben. Die Kichererbsen abtropfen, einrühren und mit Salz, Pfeffer, Limettensaft und Gewürzen abschmecken. Nochmals kurz aufkochen. Koriander oder Gartenkräuter waschen, trocken schütteln und hacken, dann über die Wokpfanne streuen und servieren.

*Jutta Horneber, Roßtal*

# Petersilienwurzelauflauf

Für 4 Personen:

250 g vorwiegend festkochende Kartoffeln
Salz
2 mittelgroße Petersilienwurzeln
2 Stangen Lauch
1 EL Butter, plus etwas mehr für die Form
100 ml Gemüsebrühe
100 ml Milch
1 EL getrockneter Thymian
Pfeffer aus der Mühle
250 g Feta (je nach Geschmack aus Kuh- oder Ziegenmilch)

Die Kartoffeln unter fließendem Wasser abbürsten. In einem Topf mit kaltem Salzwasser bedecken, aufkochen und die Kartoffeln weich garen. Etwas abkühlen lassen, pellen und in Scheiben schneiden.
Petersilienwurzeln und Lauch putzen, gründlich waschen und ebenfalls in dünne Scheiben bzw. Ringe schneiden.
Den Backofen auf 180 °C (Ober-/Unterhitze) vorheizen. Eine Auflaufform fetten.
Den Lauch in etwas Butter anbraten, mit Gemüsebrühe und Milch ablöschen, dann mit Thymian sowie etwas Salz und Pfeffer würzen. Die Sauce leicht reduzieren lassen und erneut abschmecken.
Den Boden der Form mit Kartoffelscheiben auslegen, dann Petersilienwurzeln darüberverteilen. Den Feta zerbröckeln und ein wenig daraufstreuen. Das Schichten wiederholen, bis Kartoffeln und Petersilienwurzeln aufgebraucht sind. Mit Lauchsauce übergießen und dem restlichen Feta abschließen. Im Ofen ca. 15–25 Minuten goldbraun backen.

*Steffi Wening, Stophelhof, Heilsbronn*

# Süßes

# &

# Desserts

# Honig-Eis

Ergibt 500 ml:

3 Eier
100 g flüssiger echter Imker-Honig
300 g Sahne

Die Eier schaumig rühren und den Honig hinzufügen. (Festen Honig im Wasserbad bei max. 40 °C erwärmen, bis er flüssig ist. Vor der Weiterverarbeitung kurz abkühlen lassen.) Die Sahne steif schlagen und unter die Ei-Honig-Mischung heben. Die Masse anschließend in einen Behälter füllen, abdecken und über Nacht einfrieren.

*Norbert und Karina Grellner, Weidehof Grellner, Pottenstein*

# Apfelkräpfla mit Weinsauce

Für 3–4 Personen:

Für die Füllung:
5 große, säuerliche Äpfel
2 EL Rum
1 EL Zucker

Für die Sauce:
500 ml Frankenwein
gemahlener Zimt
Zucker
½ EL Speisestärke
2 Eier

Für den Backteig:
200 g Mehl
2 Eier
250 ml Milch
Salz

Außerdem:
Schmalz oder Öl zum Ausbacken
gemahlener Zimt und Zucker zum Bestreuen

Die Äpfel schälen, entkernen und mit dem Küchenhobel raspeln. Mit Rum beträufeln und zuckern, anschließend ziehen lassen.
Für die Sauce den Wein mit etwas Zimt und Zucker in einem Topf erhitzen. Die Speisestärke mit etwas kaltem Wasser vermengen und in die kochende Flüssigkeit einrühren. Leicht abkühlen lassen, dann die Eier trennen und die Eigelbe zugeben. Die Eiweiße zu steifem Schnee schlagen und unterheben.
Aus Mehl, Eiern, Milch und etwas Salz einen dickflüssigen Backteig anrühren. Die Äpfel untermischen.
In einer Pfanne etwas Schmalz erhitzen, portionsweise 2–3 EL Teig hineingeben, flach drücken und von beiden Seiten goldbraun ausbacken.
Die Apfelkräpfla auf Küchenpapier abtropfen lassen, mit Zimt und Zucker bestreuen und mit der Weinsauce servieren.

**Tipp:** Die Sauce schmeckt sowohl warm als auch kalt! Dazu passt ein Secco aus Franken.

*Betty Bauerschmitt, Franken Weingut Bauerschmitt, Zeil am Main*

# Waffeln

Für 4 Personen:

100 g weiche Butter
80 g Zucker
3 Eier
1 TL Vanillezucker
175 g Mehl
1 TL Backpulver
1 TL Rum
100 ml spritziges Mineralwasser
etwas geriebener Apfel (nach Belieben)

*Waffeleisen*
*Öl für das Eisen*

Butter, Zucker, Eier und Vanillezucker mit dem Handrührgerät verrühren. Mehl und Backpulver mischen, mit den restlichen Zutaten zugeben und zu einem dickflüssigen Teig vermengen. Das Waffeleisen aufheizen und mit etwas Öl bestreichen.
Den Teig portionsweise im Waffeleisen goldbraun ausbacken. Anschließend abkühlen lassen oder heiß servieren.

**Tipp:** Dazu passen Vanillecreme, Quarkcreme oder auch heiße Kirschen mit frisch geschlagener Sahne.

*Irmi Dziemballa, Wachendorf*

# Amarant-Dessert

Für 4 Personen:

1 Apfel (ca. 220 g)
50 g gepopptes Amarant
50 g flüssiger Honig
1 Pck. Vanillezucker
250 g Magerquark
etwas Zitronensaft
100 g Sahne

Den Apfel schälen, entkernen und mit dem Küchenhobel raspeln. Amarant, Honig, Vanillezucker, Quark, Apfel und Zitronensaft miteinander vermengen und ca. 30 Minuten quellen lassen. Die Sahne steif schlagen und unter die Amarantmasse ziehen. Mit einem Löffel Klößchen abstechen und diese z. B. auf einem Spiegel aus pürierten Erdbeeren servieren.

**Tipp:** Amarantpopkorn gibt es bspw. bei Bärnkrafft Amarant, im Bioladen oder im Reformhaus. Mit der doppelten Menge des Rezeptes lässt sich auch eine schnelle Torte zaubern. Einfach auf einen Biskuitboden streichen und mit Sahnetupfen oder Schokostreuseln verzieren.

*Hans Bär, Bärnkrafft Amarant, Petersaurach*

# Quarkauflauf nach Omas Rezept

Für 6–8 Personen:

4–5 Eier
250 g Zucker
150 g Weizengrieß
1 Pck. Backpulver
1 TL Abrieb von 1 Bio-Zitrone
1 Prise Salz
1 kg Speisequark
etwas Semmelmehl bzw. sehr fein geriebene Semmelbrösel
50 g Butter, plus etwas mehr für die Form

Den Backofen auf 175 °C (Ober-/Unterhitze) vorheizen. Die Eier trennen. Eigelbe, Zucker, Weizengrieß, Backpulver, Zitronenabrieb, Salz und Quark in einer großen Schüssel gründlich verrühren. Die Eiweiße steif schlagen und vorsichtig unterheben. Eine Auflaufform fetten und die Masse hineinfüllen. (Noch hübscher ist es, die Masse in einer großen Gugelhupfform zu backen und als »Kuchen« zu servieren.) Etwas Semmelmehl auf die Teigmasse streuen und die Butter in Flöckchen darauf verteilen. Etwa 35 Minuten im Ofen goldbraun backen. Den fertigen Auflauf (Stäbchenprobe) herausnehmen, kurz abkühlen lassen und servieren.

**Tipp:** Dazu passt z. B. Obstkompott.

*Claudia Dünninger, Demeterhof Dünninger, Hofheim*

# Quarkspeise

Für 10 Personen:

7 Blatt Gelatine
250 g magerer Joghurt
250 g Crème fraîche
500 g Magerquark
250 g Puderzucker
Saft von 1 Zitrone
800 g Sahne

Die Gelatine in Wasser einweichen. Joghurt, Crème fraîche, Quark, Puderzucker und Zitronensaft in einer großen Schüssel verrühren. Gelatine ausdrücken und in der Quarkmasse auflösen. Die Sahne steif schlagen und unterheben. Die Quarkspeise kalt stellen und fest werden lassen.

**Tipp:** Mit Roter Grütze oder Kirschgrütze servieren.

*Inge Fleischmann, Markt Erlbach*

# Süße Buchteln mit Weinsauce

Für 6–8 Personen:

Für den Teig:
250 ml Milch
500 g Dinkel-Vollkornmehl
70 g Zucker
1 Prise Salz
½ Würfel frische Hefe
1 Ei
1 Msp. gemahlene Vanille
etwas Abrieb von
1 Bio-Zitrone
80 g Butter, plus etwas
mehr für die Form

Für den Guss:
50 g Butter
250 ml Milch
30 g Zucker

Für die Sauce:
3 Eier
150 g Zucker
1 Pck. Vanillezucker
100 g Mehl (alternativ
80 g Speisestärke)
1 EL Zitronensaft
500 ml trockener
Frankenwein

Für den Teig die Milch in einem Topf lauwarm erhitzen. Mehl, Zucker und Salz mischen und eine Mulde hineindrücken. 6 EL Milch mit der Hefe verrühren und in die Mulde gießen. Mit etwas Mehl vom Rand vermischen und ca. 15 Minuten stehen lassen. Dann die übrigen Zutaten zugeben und alles zu einem glatten Teig verkneten. Abgedeckt 30 Minuten an einem warmen Ort gehen lassen.
Den Backofen auf 200 °C (Ober-/Unterhitze) vorheizen. Eine Auflaufform fetten. Aus dem Teig ca. 12 gleich große Kugeln formen und in die Form setzen. Nochmals 15 Minuten gehen lassen.
Inzwischen die Butter für den Guss in einem Topf erhitzen, bis sie leicht bräunt, dann mit Milch und Zucker verrühren und über die Buchteln gießen. Auf der mittleren Schiene ca. 30 Minuten im Ofen backen.
Die Eier für die Sauce trennen. Eigelbe, Zucker, Vanillezucker, Mehl und Zitronensaft mit etwas Wein verquirlen. Den restlichen Wein und ca. 500 ml Wasser in einem Topf erhitzen. Die angerührte Mehlmischung einrühren, bis keine Klümpchen mehr vorhanden sind und die Masse andickt. Abkühlen lassen. Die Eiweiße steif schlagen und unter die abgekühlte Masse heben. Die Buchteln aus dem Ofen nehmen und mit der Weinsauce servieren.

*Claudia Dünninger, Demeterhof Dünninger, Hofheim*

# Hefeplinsen

Für 4–6 Personen:

500 ml Milch
½ Würfel frische Hefe
50 g Butter, plus etwas mehr zum Ausbacken
250 g Mehl
ca. 50 g Zucker (nach Geschmack)
1–2 Eier
Zucker, Marmelade oder Kompott zum Servieren

Die Milch in einem Topf lauwarm erhitzen. Ein paar EL abnehmen, die Hefe hineinbröckeln und einige Minuten stehen lassen. Die Butter in einem weiteren Topf zerlassen. Das Mehl in eine Schüssel sieben, Zucker und Eier zugeben, dann die flüssige Butter, die Hefe-Milch-Mischung sowie die restliche warme Milch eingießen. Alles gut verkneten. (Durch den höheren Milchanteil wird dieser Hefeteig flüssiger als gewohnt.) Den Teig abgedeckt etwa 30 Minuten gehen lassen. (Achtung, er geht sehr rasch!) Anschließend wie Pfannkuchenteig portionsweise in einer Pfanne in etwas Fett goldbraun ausbacken. Die Hefeplinsen mit Zucker, Marmelade oder Kompott servieren.

*Marina Herr, Küps/Johannisthal*

# Schoko-Erdbeer-Traum

Für 10 Portionen:

600 g TK-Erdbeeren
200 g weiße Schokoladenkuvertüre
250 g Mascarpone
50 g Bio-Vanillepaste (aus dem Bioladen oder Reformhaus) zum Garnieren

*10 Dessertgläser*

Die Erdbeeren in einem Sieb antauen lassen. Die weiße Kuvertüre über dem Wasserbad schmelzen, dann mit Mascarpone verrühren. Die Erdbeeren mit dem Stabmixer zu Mus pürieren, dann die Hälfte davon auf die Gläser verteilen. Darauf die Schokocreme schichten. Mit dem restlichen Erdbeermus abschließen und mit einem großen Klecks Vanillepaste garnieren. Bis zum Servieren mindestens 30 Minuten kalt stellen.

*Barbara Schlegl, Lauf a. d. Pegnitz*

# Erdbeerauflauf

Für 6–8 Personen:

Für die Streusel:
50 g kalte Butter, plus etwas mehr für die Form
50 g Zucker
1 Pck. Vanillezucker
1 Prise Salz
etwas Abrieb von 1 Bio-Zitrone
100 g Mehl

Für die Quarkmasse:
4 Eier
50 g weiche Butter
80 g Zucker
1 Pck. Vanillezucker
1 Prise Salz
etwas Abrieb von 1 Bio-Zitrone
500 g Magerquark
20 g Weizengrieß
1 Pck. Vanillepuddingpulver
350 g frische Erdbeeren (alternativ TK, diese vorher auftauen)

Den Backofen auf 200 °C (Ober-/Unterhitze) vorheizen. Eine Auflaufform mit Butter fetten.
Für die Streusel die kalte Butter in Flöckchen schneiden und mit beiden Zuckersorten, Salz, Zitronenabrieb und Mehl verkneten. Etwa 30 Minuten kühl stellen.
Für die Quarkmasse die Eier trennen. Die Eiweiße zu steifem Schnee schlagen. Die weiche Butter mit beiden Zuckersorten, Salz und Eigelben verquirlen. Zitronenabrieb und Quark unterrühren, dann Grieß und Puddingpulver zugeben. Den Eischnee unterheben.
Den Streuselteig halbieren, den Boden der Form mit Streuseln bedecken und leicht andrücken. Die Erdbeeren waschen, das Grün entfernen (große Beeren halbieren oder vierteln) und mit der Quarkmasse vermischen. In der Form verteilen und den restlichen Teig in Streuseln darüberzupfen. Den Auflauf etwa 1 Stunde im Ofen backen.

**Tipp:** Dazu schmeckt Vanillesauce.

*Tanja Spona, Charolaishof Spona, Markt Bibart*

# Kirsch-Mascarpone-Creme

Für 4 Personen:

200 g Mascarpone
50 g Puderzucker
200 g Schmand
1 Pck. Vanillezucker
100 ml Sauerkirschlikör
400 g frische Sauerkirschen (oder aus dem Glas)
Schokoraspel zum Garnieren

Mascarpone und Puderzucker verrühren. Schmand und Vanillezucker zugeben und zu einer glatten Masse verarbeiten. Den Sauerkirschlikör unterrühren. Die Sauerkirschen waschen, entsteinen und halbieren. Zum Verzieren einige Kirschen beiseitelegen, den Rest vorsichtig unter die Creme heben. Die Creme in eine Servierschüssel füllen, kalt stellen und über Nacht durchziehen lassen. Vor dem Servieren mit restlichen Sauerkirschen und Schokoraspeln garnieren.

**Tipp:** Alle Zutaten am besten in Bio-Qualität verwenden. Sauerkirschlikör gibt es z. B. beim Biohof Schmidt.

*Willi Schmidt, Biohof Schmidt, Leutenbach*

# Scheiterhaufen

Für 6–8 Personen:

5 Semmeln vom Vortag
250 ml Milch
2 Eier
Abrieb von 1 Bio-Zitrone
etwas gemahlener Zimt
1 Pck. Vanillezucker
2 Birnen (z. B. Williams-Christ)
2 süß-säuerliche Äpfel (z. B. Braeburn)
50 g Sultaninen
4 EL Zucker
30 g Butter, plus etwas mehr für die Form

Den Backofen auf 180 °C (Ober-/Unterhitze) vorheizen. Eine Auflaufform fetten.
Die Semmeln in dünne Scheiben schneiden. Milch und Eier in einer Schüssel verquirlen. Zitronenabrieb, Zimt und Vanillezucker einstreuen, dann die Semmeln dazugeben und gut vermengen. Die Hälfte der Semmelmischung in die Form füllen.
Birnen und Äpfel schälen, entkernen und in dünne Scheiben schneiden. Mit Sultaninen und Zucker mischen und in der Auflaufform verteilen. Mit der übrigen Semmelmischung bedecken.
Die Butter in einem Topf zerlassen und über die Semmeln träufeln. Den Scheiterhaufen auf der mittleren Schiene 45–50 Minuten im Ofen goldbraun backen.

*Clara Grün, Burgfarrnbach*

# Arme Ritter mit Kirschkompott

Für 2 Personen:

Für das Kompott:
400 g Schattenmorellen (aus dem Glas)
2 Gewürznelken
1 EL Vanillepuddingpulver
1 TL Zucker
etwas gemahlener Zimt

Für die Armen Ritter:
4 Milchbrötchen
250 ml Milch
2 Eier
2 Pck. Vanillezucker
1–2 EL Zucker
etwas Butter

Für das Kompott die Schattenmorellen abseihen, dabei die Flüssigkeit auffangen. 200 ml davon zusammen mit den Nelken in einem Topf aufkochen. Das Puddingpulver mit 2 EL Kirschsaft anrühren und zugießen. Mit Zucker und Zimt abschmecken. Anschließend die Nelken entfernen und die abgetropften Kirschen zurück in den Saft geben. Den Topf vom Herd nehmen.
Die Brötchen in 1–1 ½ cm dicke Scheiben schneiden. Milch, Eier und beide Zuckersorten verrühren. Die Brötchenscheiben in der Eier-Milch-Mischung wenden und in einer heißen Pfanne in etwas Butter goldbraun braten. Die Armen Ritter noch warm mit dem Kirschkompott servieren.

*Kristine Brunner, Fischbach*

# Brotbuberle oder Kirschmännchen, auch Kirschenmichl

Für 6–8 Personen:

1 ½ kg frische Kirschen
500 ml Milch
8 Semmeln oder Brot vom Vortag (oder auch gemischt)
125 g weiche Butter, plus etwas mehr für die Form
5 Eier
4 EL Zucker
etwas gemahlener Zimt
1 Msp. Lebkuchengewürz oder gemahlene Nelken

Den Backofen auf 180–200 °C (Ober-/Unterhitze) vorheizen. Eine Auflaufform fetten.
Die Kirschen waschen, entsteinen und abtropfen lassen. Die Milch in einem Topf erhitzen. Die Semmeln in Scheiben schneiden, die heiße Milch darübergießen und durchziehen lassen. Butter und Eier schaumig schlagen, den Zucker einrieseln. Etwas Zimt und Lebkuchengewürz zugeben und mit den Semmeln zu einer glatten Masse verarbeiten. Die Kirschen unterheben.
Den Teig in die Form füllen und etwa 1 Stunde im Ofen goldbraun backen.

**Tipp:** Zum Brotbuberle passt sehr gut Vanillesauce.

*Hermine Weller, Fürth*

# Zwetschgermichl

Für 4–6 Personen:

3 Eier
60 g Butter, plus etwas mehr für die Form
100 g Zucker
30 g Vanillezucker
150 g Mehl
3 TL Backpulver
100 g Weichweizengrieß
350 ml Milch
10–12 Zwetschgen
Puderzucker zum Bestäuben

Den Backofen auf 180 °C (Ober-/Unterhitze) vorheizen. Eine Auflaufform fetten. Die Eier trennen. Die Eiweiße in einer großen Schüssel steif schlagen.
Die Eigelbe mit Butter, Zucker und Vanillezucker schaumig rühren. Mehl und Backpulver mischen und in die Schaummasse sieben. Grieß und Milch einrühren. Den Eischnee vorsichtig unter die Grießmischung heben. Den Teig in die Auflaufform füllen. Die Zwetschgen waschen, halbieren, entsteinen und möglichst senkrecht in den Teig setzen. Den Zwetschgermichl 40–45 Minuten im Ofen goldbraun backen. Wenn der Teig zu schnell bräunt, nach 20 Minuten mit Backpapier abdecken. Noch heiß mit Puderzucker bestäuben und servieren.

*Steffi Wening, Stophelhof, Heilsbronn*

# Backwaren

# Kuchen & Torten

## Apfeltarte

Für den Teig:
200 g Mehl
½ Pck. Backpulver
1 EL Zucker
1 Prise Salz
125 g weiche Butter
5 EL kaltes spritziges Mineralwasser

Für den Belag:
8 säuerliche Äpfel (z. B. Boskop)
75 g Butter
100 g Zucker

*Tarteform*

Für den Teig das Mehl sieben und mit Backpulver mischen. Zucker, Salz und Butter zugeben. Das Mineralwasser zugießen und alles glatt rühren. Den Teig kalt stellen. Den Backofen auf 200 °C (Ober-/Unterhitze) vorheizen.
Die Äpfel schälen, achteln und entkernen. Die Butter erwärmen und die Tarteform damit ausstreichen. Gleichmäßig mit Zucker ausstreuen. Die Apfelspalten fächerförmig in der Form verteilen.
Den Teig etwas größer als die Tarteform ausrollen und über die Äpfel legen, die Ränder nach innen gut andrücken. Etwa 35 Minuten im Ofen backen, bis die gewünschte Bräune erreicht ist. Dann warm auf eine große Kuchenplatte stürzen.

**Tipp:** Die Tarte noch warm mit flüssiger Sahne oder einer Kugel Vanilleeis genießen. Das Rezept kann nach Geschmack variiert werden: Abrieb von 1 Bio-Zitrone (in den Teig), Zitronensaft, Rosinen, Cranberrys (in den Belag). Die Äpfel kann man auch durch Pfirsiche, Zwetschgen oder Aprikosen ersetzen.

*Karin Roth, Zirndorf*

# Gewürz-Apfelkuchen

Für die Füllung:
500 g Äpfel
50 g Rohrohrzucker
3 EL Rum
Saft von ½ Bio-Zitrone

Für den Teig:
100 g gemahlene Haselnusskerne
250 g weiche Butter
200 g Rohrohrzucker
1 Pck. Vanillezucker
4 Eier
250 g Dinkelvollkornmehl
1 Pck. Backpulver
1 EL gemahlener Zimt
3 EL Kakaopulver
etwas Rum

Puderzucker zum Bestäuben

*Springform (26 cm Ø)*
*Fett für die Form*

Für die Füllung die Äpfel schälen, entkernen und in 1 cm große Stücke schneiden. Mit Zucker, Rum und Zitronensaft vermengen und ca. 30 Minuten ziehen lassen.

Den Backofen auf 160 °C (Umluft) vorheizen. Die Springform fetten.

Für den Teig die Haselnüsse in einer Pfanne trocken anrösten und abkühlen lassen. Die Butter mit Zucker und Vanillezucker schaumig schlagen. Die Eier nach und nach zugeben. Mehl und Backpulver mischen und zusammen mit Haselnüssen, Zimt, Kakao und Rum unter die Schaummasse rühren. Die Hälfte des Teigs in der Form glatt streichen. Den restlichen Teig mit den eingelegten Äpfeln vermengen und auf dem ersten Teig in der Form verteilen.

Den Kuchen 50–60 Minuten auf der mittleren Schiene im Ofen backen. Danach herausnehmen und ca. 20 Minuten in der Form abkühlen lassen, dann mit einem Messer vorsichtig von Springformrand und -boden lösen und vollständig auskühlen lassen. Mit Puderzucker bestäubt servieren.

*Susanne Winkler, Winkler-Mühle, Gustenfelden*

# Apfelkuchen mit Guss

Für den Guss:
500 ml Milch
50 g Dinkel- oder Weizenmehl
1 TL Vanillezucker
50 g Zucker
1 Prise Salz
1 Ei

Für den Teig:
90 g weiche Butter
100 g Zucker
1 Ei
180 g Dinkel- oder Weizenmehl
2 TL Backpulver

Für den Belag:
ca. 1 kg Bio-Äpfel

*Springform (20 cm Ø)*

Für den Guss die Hälfte der Milch mit Mehl und Vanillezucker klümpchenfrei anrühren. Die übrige Milch mit Zucker und Salz in einem Topf erhitzen. Sobald die Milch zu köcheln beginnt, die Mehlmilch zugießen. So lange rühren, bis die Milch sämig wird, dann den Topf vom Herd nehmen. Die Mischung abkühlen lassen und das Ei unterrühren.
Den Backofen auf 180 °C (Ober-/Unterhitze) vorheizen. Die Springform mit Backpapier auskleiden.
Für den Teig Butter, Zucker und Ei schaumig schlagen. Mehl und Backpulver sieben und mit der Eimasse verrühren. Den Teig in der Springform verteilen.
Die Äpfel waschen, entkernen, in Spalten schneiden und fächerförmig auf dem Teig anrichten. Den Guss gleichmäßig darübergießen. Den Kuchen im Ofen auf der zweiten Schiene von unten etwa 1 Stunde backen.

*Monika Bodendörfer-Alefeld, Pommelsbrunn*

# Apfelkuchen mit Bienenstichhaube

Für den Teig:
300 g Mehl
2 TL Backpulver
150 g Butter
80 g Zucker
1 Pck. Vanillezucker
2 Eier
3 Tropfen Bittermandelaroma

Für die Füllung:
6 große säuerliche und mürbe Bio-Äpfel (z. B. Boskop)
50 g Zucker
½ TL gemahlener Zimt
2 EL Rum

Für die Haube:
75 g Butter
75 g Zucker
3 EL Milch
150 g gehobelte Mandeln (alternativ gehackte Wal- oder Haselnusskerne)

*Springform (26 cm Ø)*
*Fett für die Form*

Den Backofen auf 180–200 °C (Ober-/Unterhitze) vorheizen. Die Springform fetten.
Für den Teig Mehl und Backpulver auf die Arbeitsfläche sieben und eine Mulde hineindrücken. Butter, Zucker, Vanillezucker, Eier und Bittermandelaroma in die Mulde geben. Die Zutaten zuerst vorsichtig mit etwas Mehl vom Rand vermengen, dann zu einem festen Teig verkneten. Zwei Drittel des Teigs etwas größer als die Springform ausrollen, hineinlegen, andrücken und dabei einen Rand hochziehen.
Für die Füllung die Äpfel waschen, entkernen und in feine Scheiben schneiden. Mit Zucker, Zimt und Rum vermischen und auf dem Mürbteig in der Form verteilen. Den restlichen Teig ausrollen und als Deckel auf die Äpfel legen.
Für die Bienenstichhaube die Butter in einem Topf zerlassen. Zucker und Milch einrühren, dann die Mandelblättchen zugeben. Die Masse auf dem Teigdeckel verteilen und den Kuchen im Ofen auf der mittleren Schiene ca. 40 Minuten oder so lange backen, bis die Haube goldbraun ist.

*Inge Fleischmann, Markt Erlbach*

# Bienenstich

Für den Teig:
200 ml Milch, plus mehr bei Bedarf
½ Würfel frische Hefe
75 g Zucker
500 g Mehl
1 Pck. Vanillezucker
½ TL Salz
3 Eigelb
ca. 2 EL Arrak
Abrieb von 1 Bio-Zitrone
100 g weiche Butter, plus mehr für das Backblech

Für den Belag:
3 EL Milch
100 g Butter
200 g gehobelte Mandeln
200 g Zucker

Für die Vanillecreme:
3 Eigelb
50 g Zucker
50 g Speisestärke
500 ml Milch
Mark von ½ Vanilleschote
200–250 g Butter
100 g Puderzucker

Für den Teig die Milch in einem Topf lauwarm erhitzen. Die Hefe zerbröckeln, mit 1 EL Zucker sowie der Milch in einer kleinen Schüssel glatt rühren und mindestens 10–15 Minuten stehen lassen.
Inzwischen das Mehl in eine Rührschüssel sieben. Restlichen Zucker, Vanillezucker, Salz, Eigelbe, Arrak und Zitronenabrieb zugeben. Die Hefemilch zugießen und alles kurz miteinander verrühren. Erst dann die Butter zufügen. Den Teig so lange kneten, bis er sich vom Schüsselrand löst. Bei Bedarf mehr Milch einarbeiten (der Teig sollte nicht zu fest sein, er muss sich aber vom Schüsselrand lösen). Die Schüssel abdecken und den Teig ca. 40–45 Minuten gehen lassen, bis sich sein Volumen verdoppelt hat.
Für den Belag Milch und Butter erhitzen, die Mandeln zugeben und die Flüssigkeit fast aufsaugen lassen. Den Topf vom Herd nehmen und den Zucker vorsichtig einrühren – er darf sich nicht ganz auflösen. Beiseitestellen und abkühlen lassen.
Den Backofen auf 175 °C (Ober-/Unterhitze) vorheizen. Ein Backblech mit Butter fetten. Den Hefeteig ausrollen und auf das Blech heben, den Mandelbelag gleichmäßig darauf verteilen. Erneut mit einem Tuch abdecken und 20 Minuten gehen lassen. Anschließend im Ofen etwa 30 Minuten goldbraun backen. Herausnehmen und abkühlen lassen.
Für die Creme Eigelbe, Zucker und Speisestärke mit etwas kalter Milch in einem Topf glatt rühren. Die restliche Milch und Vanillemark zugeben. Bei mäßiger Hitze abschlagen, bis die Masse einmal aufpufft. Vom Herd nehmen und erkalten lassen, dabei mehrmals umrühren, damit sich keine Haut bildet. Die Butter schaumig schlagen, nach und nach den Puderzucker hineinsieben. Die erkaltete Eiermilch löffelweise unter die Butter rühren.
Den abgekühlten Kuchen horizontal durchschneiden und mit der Creme füllen. Bis zum Servieren kalt stellen, damit die Creme noch etwas anziehen kann.

*Lothar Glaß, Herzogenaurach*

# *Rhabarbertorte*

Für den Teig:
100 g Margarine
125 g Zucker
4 Eigelb
125–150 g Mehl
½ TL Backpulver
1 EL Milch

Für das Baiser:
4 Eiweiß
200 g Puderzucker
3 EL gehackte Mandeln

Für die Füllung:
500 g Rhabarber
Zucker (nach Belieben)
2 Pck. klarer Tortenguss
400 g Sahne
2 Pck. Sahnesteif

*2 Springformen (à 26 cm Ø)*
*Butter für die Formen*

Den Backofen auf 175 °C (Ober-/Unterhitze) vorheizen. Die Springformen mit Butter fetten.
Für den Teig Margarine, Zucker und Eigelbe mit dem Handmixer schaumig schlagen. Das Mehl sieben und mit Backpulver mischen, dann unter die Schaummasse rühren. Die Milch zugießen. Den Teig auf die Springformen verteilen und 10 Minuten im Ofen vorbacken.
Inzwischen für das Baiser die Eiweiße zu sehr festem Schnee schlagen. Den Puderzucker langsam unter stetem Rühren einrieseln lassen. Die Springformen aus dem Ofen nehmen, die Baisermasse auf die vorgebackenen Böden streichen und mit gehackten Mandeln bestreuen. Die Backofentemperatur auf 150 °C reduzieren und die Böden weitere 15 Minuten backen. Anschließend abkühlen lassen und einen der Böden in 14 gleich große Kuchenstücke schneiden.
Für die Füllung den Rhabarber waschen, putzen und in kurze Stücke schneiden. In etwas Wasser 5–10 Minuten dünsten und nach Belieben süßen. Den Tortenguss einrühren, die Masse binden lassen und zum Abkühlen beiseitestellen.
Die Sahne mit Sahnesteif aufschlagen und die Hälfte auf den ungeschnittenen Boden auftragen. Den abgekühlten Rhabarber darauf verteilen und mit der restlichen Sahne bestreichen. Zuletzt die vorgeschnittenen Bodenstücke obenauf legen. Vor dem Servieren mindestens 30 Minuten kalt stellen.

*Susanne Erlwein, Preuschens Edelbrandbrennerei, Egloffstein*

# Rhabarberkuchen

1 ½ kg Rhabarber
2 EL gemahlene Mandeln

Für den Teig:
125 g weiche Butter
1 Ei
75 g Zucker
1 Pck. Vanillezucker
250 g Mehl

Für den Guss:
2 Eiweiß
250 g saure Sahne
150 g Zucker
2 EL Mehl

*Springform (26 cm Ø)*
*Fett für die Form*

Den Rhabarber waschen, putzen und klein schneiden. Danach in etwas Wasser 5–10 Minuten dünsten, anschließend abkühlen lassen.
Den Backofen auf 170 °C (Umluft) vorheizen. Die Springform fetten.
Für den Teig Butter, Ei, Zucker und Vanillezucker cremig schlagen. Nach und nach das Mehl dazusieben, bis ein Knetteig entsteht. Den Teig in der gefetteten Springform auslegen und erst die Mandeln, dann den Rhabarber darauf verteilen.
Für den Guss die Eiweiße steif schlagen. Saure Sahne und Zucker verrühren, das Mehl zugeben und vermengen. Anschließend unter den Eischnee heben und alles über dem Rhabarber verteilen. Den Kuchen ca. 1 Stunde im Ofen backen.

*Ute Rupp, Ottensoos*

# Omas Kirschkuchen

1 kg frische Kirschen
6 Eier
125 g Butter
125 g Zucker
1 Pck. Vanillezucker
1 TL gemahlener Zimt
1 Msp. gemahlene Nelken
12 EL Semmelbrösel
Puderzucker zum Bestäuben

*Springform (26 cm Ø)*
*Butter und Semmelbrösel für die Form*

Den Backofen auf 175–200 °C (Ober-/Unterhitze) vorheizen. Den Rand der Springform fetten und mit Semmelbröseln ausstreuen, den Boden mit Backpapier auslegen.
Die Kirschen waschen und entsteinen. Die Eier trennen und 5 Eiweiße zu festem Schnee schlagen. Das übrige Eiweiß mit Eigelben, Butter, Zucker und Vanillezucker verrühren. Zimt, Nelken und die Hälfte der Semmelbrösel einarbeiten. Den Eischnee unter die Masse heben. Anschließend Kirschen sowie restliche Semmelbrösel vorsichtig untermischen.
Den Teig in die Form füllen und glatt streichen. Den Kirschkuchen etwa 50 Minuten im Ofen backen. Anschließend in der Form auskühlen lassen. Mit Puderzucker bestäubt servieren.

*Mirya Wagner, Oberasbach*

# Schoko-Sauerkirsch-Kuchen

Für den Kuchen:
400 g Sauerkirschen (aus dem Glas)
200 g weiche Butter
4 Eier
160 g Zucker
300 g Vollkorn-Weizenmehl
1 Pck. Backpulver
100 g Zartbitterschokolade
50 g Kakaopulver
100 g gemahlene blanchierte Mandeln
3–4 EL Mandellikör (z. B. Amaretto)

Außerdem:
200 g Sahne
1 Pck. Agar-Agar (aus dem Bioladen)

*Springform (20 cm Ø)*
*Fett für die Form*
*Spritzbeutel*

Den Backofen auf 180 °C (Ober-/Unterhitze) vorheizen. Die Springform fetten.
Die Sauerkirschen abseihen, den Saft dabei auffangen. Butter, Eier und Zucker schaumig schlagen. Mehl und Backpulver mischen und sieben. Die Schokolade sehr fein hacken und mit Kakao, gemahlenen Mandeln und Mehl vermengen. Die Mehlmischung unter die Schaummasse heben, dabei den Mandellikör hineinträufeln.
Den Teig in der Springform glatt streichen und die abgetropften Sauerkirschen darauf verteilen. Den Kuchen ca. 45 Minuten im Ofen backen, anschließend auskühlen lassen.
Die Sahne steif schlagen und drei Viertel rundum auf den kalten Kuchen streichen. Den Rest in einen Spritzbeutel füllen und den Kuchen mit kleinen Röschen verzieren.
Das Agar-Agar mit dem aufgefangenen Kirschsaft anrühren und aufkochen, dann erkalten lassen. Den angedickten Sauerkirschguss mit einem Schneebesen aufschlagen, auf der Sahne verteilen und den Kuchen bis zum Servieren kalt stellen.

*Jutta Horneber, Roßtal*

# Donauwelle

Für den Teig:
400 g Sauerkirschen (aus dem Glas)
200 g Margarine oder Butter, plus etwas mehr für das Backblech
200 g Zucker
1 Pck. Vanillezucker
5 Eier
300 g Mehl
2 TL Backpulver
3 EL Kakaopulver
2 EL Milch

Für die Buttercreme:
3 Eigelb
50 g Zucker
50 g Speisestärke
500 ml Milch
Mark von ½ Vanilleschote
200 g weiche Butter
100 g Puderzucker

Für den Guss:
125 g Kokosöl
1 Ei
1 Pck. Vanillezucker
2 EL Rum
2 EL Kakaopulver

Den Backofen auf 170 °C (Umluft) vorheizen. Die Kirschen abtropfen lassen. Ein Backblech fetten.
Für den Teig Margarine und beide Zuckersorten schaumig rühren, die Eier nach und nach hineinschlagen. Das Mehl sieben, mit dem Backpulver zugeben und alles zu einer homogenen Masse verarbeiten. Den Teig teilen und die eine Hälfte mit Kakao und Milch vermengen, sodass ein dunkler Teig entsteht. Den hellen Teig auf das Backblech streichen und darauf vorsichtig den dunklen Teig verteilen. Mit den Kirschen belegen und leicht eindrücken. Auf der mittleren Schiene ca. 20–30 Minuten im Ofen backen (Stäbchenprobe). Den Kuchen anschließend herausnehmen und vollständig erkalten lassen.
In der Zwischenzeit für die Buttercreme Eigelbe, Zucker und Speisestärke mit etwas kalter Milch in einem Topf glatt rühren. Vanillemark und restliche Milch zugießen. Bei mäßiger Hitze abschlagen, bis die Masse einmal aufpufft. Die Puddingmasse erkalten lassen, dabei mehrmals umrühren, damit sich keine Haut bildet. Die Butter schaumig rühren, nach und nach den Puderzucker einrieseln. Den erkalteten Pudding unter die Butter mischen und auf den erkalteten Kuchen streichen.
Für den Guss das Kokosöl in einem Topf zerlassen. Ei und Vanillezucker schaumig schlagen, dann Kokosöl, Rum und Kakaopulver einrühren und den Guss gleichmäßig auf der Buttercreme verteilen. Etwas antrocknen lassen, aber noch bevor der Guss vollständig erkaltet ist, mit der Gabel wellenförmige Muster einziehen.

**Tipp:** Wem die Buttercreme zu aufwendig ist, kann auch eine schnelle Variante aus 500 ml Milch, 50 g Zucker, 1 Pck. Vanillepuddingpulver und 200 g Butter anrühren.

*Lothar Glaß, Herzogenaurach*

# Bananentorte

Für den Biskuitteig:
3 Eier
80 g Zucker
1 TL Kakaopulver
1 Msp. gemahlener Zimt
1 TL Backpulver
100 g Mehl

Für die Füllung:
2 reife Bananen
2 Pck. Vanillepuddingpulver
750 ml Bananensaft

Für das Topping:
250 g Speisequark
200 g Schmand
125 ml Eierlikör
40 g Zucker
7 Blatt Gelatine
600 g Sahne
Schokoraspel zum Garnieren

*Springform (24 cm Ø)*
*Fett für die Form*
*Tortenring*
*Spritzbeutel*

Den Backofen auf 180 °C (Ober-/Unterhitze) vorheizen. Die Springform fetten.
Für den Biskuitteig die Eier mit dem Zucker schaumig schlagen. Anschließend Kakao, Zimt, Backpulver und Mehl miteinander mischen, in die Eimasse sieben und unterheben. Den Teig in die Form füllen, glatt streichen und im Ofen ca. 13 Minuten backen (Stäbchenprobe). Anschließend abkühlen lassen und aus der Form lösen. Den Biskuit auf eine Servierplatte legen und mit einem Tortenring fixieren.
Für die Füllung die Bananen schälen, würfeln und auf dem Biskuit verteilen. Das Puddingpulver mit Bananensaft anrühren und nach Packungsanleitung kochen. Anschließend über die Bananen gießen und erkalten lassen.
Für das Topping Quark, Schmand, Eierlikör und Zucker miteinander verrühren. Die Gelatine in kaltem Wasser einweichen, ausdrücken und in der Masse auflösen. Die Sahne steif schlagen, ein wenig zum Garnieren in einen Spritzbeutel füllen, den Rest unter die Quarkmasse heben. Das Topping gleichmäßig auf dem Vanillepudding verteilen und glatt streichen.
Die Torte mindestens 30 Minuten kalt stellen und vor dem Servieren mit Schlagsahnetupfen und Schokoraspeln verzieren.

*Kerstin Kolb, Kasendorf*

# Bananen-Marzipan-Makronen

Ergibt ca. 25 Stück:

Für die Makronen:
400 g Marzipan
300 g Puderzucker
3 Eiweiß

Für die Buttercreme:
1 Pck. Schokopuddingpulver
375 ml Milch
250 g Butter
100 g Puderzucker

Außerdem:
1–2 Bananen
dunkle Schokoglasur

*2 Spritzbeutel*

Den Backofen auf 190 °C (Ober-/Unterhitze) vorheizen. Ein Backblech mit Backpapier auslegen.
Für die Makronen Marzipan, Puderzucker und Eiweiße mit den Händen gut verkneten und durch ein Sieb streichen. Die Masse in einen Spritzbeutel füllen und auf das Backblech setzen – die Größe sollte jeweils dem Durchmesser der Bananen entsprechen. Im Ofen auf mittlerer Schiene ca. 5–10 Minuten backen, bis sie leicht bräunen. Die Makronen können auch gut im Voraus gebacken und für später aufbewahrt werden.
Für die Buttercreme das Puddingpulver unter ständigem Rühren in die Milch einrieseln, aufkochen und abkühlen lassen. Butter und Puderzucker schaumig schlagen. Den Pudding löffelweise zufügen, dabei weiterrühren. Die Buttercreme in einen zweiten Spritzbeutel füllen und auf die Makronenböden auftragen.
Die Bananen schälen und in dicke Scheiben schneiden. Auf die Buttercreme legen und leicht andrücken.
Die Schokoglasur über dem Wasserbad schmelzen und die Bananen damit bestreichen. Die Schokolade vor dem Servieren aushärten lassen.

*Eva Tauber-Haas, Cadolzburg*

# Zitronenkuchen

Für den Teig:
200 g weiche Butter
150 g Schmand oder saure Sahne
280 g Zucker
1 Pck. Vanillezucker
1 Prise Salz
6 Eier
350 g Mehl
3 TL Backpulver
Abrieb von ½ Bio-Zitrone

Für den Guss:
200 g Puderzucker und etwas Zitronensaft oder 100 g Schokoglasur

*Kuchenblech*
*Butter oder Öl für das Blech*

Den Backofen auf 180 °C (Umluft) vorheizen. Das Kuchenblech fetten.
Butter, Schmand, Zucker, Vanillezucker und Salz mit dem Handmixer verrühren. Die Eier nach und nach einarbeiten, bis eine cremige Masse entsteht. Mehl und Backpulver sieben und mit dem Zitronenabrieb unterheben. Den Teig auf das Kuchenblech streichen und ca. 30 Minuten im Ofen backen. Herausnehmen und abkühlen lassen.
Den Puderzucker mit etwas Zitronensaft anrühren oder die Schokoglasur über dem Wasserbad schmelzen. Den Zitronenkuchen mit dem gewünschten Guss bestreichen (man kann auch beide gleichzeitig verwenden) oder mit einem Löffel beliebige Gitter- oder Fantasiemuster auf den Kuchen träufeln.

*Irmi Dziemballa, Wachendorf*

# Splitterkuchen

125 g Blockschokolade (kühlschrankkalt)
125 g Haselnusskerne
1 Bio-Zitrone
4 Eier
125 g Butter
250 g Zucker
400 g Mehl
1 Pck. Backpulver
ca. 200 ml Milch
125 g Sultaninen
Puderzucker zum Bestäuben

*Kastenform*
*Fett für die Form*

Den Backofen auf 180 °C (Ober-/Unterhitze) vorheizen. Die Kastenform fetten.
Schokolade raspeln, Haselnüsse mit einem scharfen Messer in feine Scheiben schneiden (ähnlich Mandelblättchen). Die Zitrone warm waschen, abtrocknen, die Schale fein abreiben und den Saft auspressen. Die Eier trennen, Eigelbe mit Butter und Zucker schaumig schlagen. Mehl und Backpulver einrühren. Die Milch nach und nach zugießen, dann Schokolade, Nüsse, Zitronenabrieb und -saft sowie Sultaninen untermischen. Die Eiweiße steif schlagen und vorsichtig unterheben. Den Teig in der Form glatt streichen. Auf der mittleren Schiene ca. 45 Minuten im Ofen backen (Stäbchenprobe). Erkalten lassen und mit Puderzucker bestäubt servieren.

*Lothar Glaß, Herzogenaurach*

# Kormanns Rosentorte

Für den Biskuitboden:
4 Eier
150 g Zucker
100 g Mehl
100 g Speisestärke
2 TL Backpulver

Für die 1. Füllung:
500 g Joghurt
2 EL Rosensirup
3 EL Rosen-Wein-Gelee
1 EL Rosenlikör
8 Blatt Gelatine
200 g Sahne

Für die 2. Füllung:
300 g Sahne
3 EL Rosen-Sekt-Konfitüre

Außerdem:
etwas Erdbeer-Rosen-Marmelade
200 g Sahne
gezuckerte Rosenblütenblätter

*Springform (20 cm Ø)*
*Fett und Mehl für die Form*
*Tortenring*
*Spritzbeutel*

Den Backofen auf 180 °C (Ober-/Unterhitze) vorheizen. Die Springform fetten und ausmehlen.
Für den Biskuitboden die Eier mit Zucker und 4 EL heißem Wasser sehr schaumig schlagen. Mehl, Speisestärke und Backpulver mischen und unterheben. Den Teig in die Springform füllen, glatt streichen und ca. 30 Minuten im Ofen backen. Den Boden herausnehmen, erkalten lassen und zweimal horizontal durchschneiden.
Den unteren Boden mit einem Tortenring fixieren und mit Erdbeer-Rosen-Marmelade bestreichen.
Für die erste Füllung Joghurt, Rosensirup, Rosen-Wein-Gelee und Rosenlikör vermengen. Die Gelatine in kaltem Wasser einweichen, ausdrücken und unterheben, bis sie sich auflöst. Die Sahne steif schlagen. Wenn die Joghurtmasse zu stocken beginnt, die Sahne unterziehen und die Füllung auf dem Marmeladenboden verstreichen. Den zweiten Biskuitboden darauflegen.
Für die zweite Füllung die Sahne steif schlagen, mit der Rosen-Sekt-Konfitüre mischen und auf dem zweiten Boden verteilen. Den dritten Biskuit daraufsetzen und im Kühlschrank fest werden lassen.
Zum Verzieren die Sahne steif schlagen, ein wenig davon in einen Spritzbeutel füllen, mit dem Rest die Torte sorgfältig ummanteln. Mit dem Spritzbeutel kleine Sahnetupfen auf die Torte spritzen. Zum Schluss mit gezuckerten Rosenblütenblättern verzieren.

**Tipp:** Alle Rosenprodukte sind bspw. im Hofladen Kormann sowie online erhältlich.

*Luzia Hohe, Hofladen Kormann,*
*Ebermannstadt-Moggast*

# *Kormanns Rotweinzwetschgen-Torte*

Für den Biskuitboden:
5 Eier
160 g Zucker
90 g Mehl
½ Pck. Backpulver
100 g gemahlene Haselnusskerne
1 Msp. gemahlene Nelken
½ TL gemahlener Zimt
2 EL Kabapulver
2 EL Rum

Für den Belag:
1 Pck. Vanillepuddingpulver
700 g Rotweinzwetschgen (aus dem Glas)
1 kg Sahne
3 Pck. Sahnesteif
3 Pck. Vanillezucker

Zum Verzieren:
etwas Eierlikör (nach Belieben)
Schokostreusel

*Springform (20 cm Ø)*
*Fett und Mehl für die Form*
*Tortenring*

Den Backofen auf 180 °C (Ober-/Unterhitze) vorheizen. Die Springform fetten und ausmehlen.
Für den Biskuitboden die Eier mit Zucker und 2 EL heißem Wasser sehr schaumig schlagen. Die restlichen Zutaten mischen und mit der Eimasse zu einem glatten Teig vermengen. In die Springform füllen, glatt streichen und ca. 30 Minuten im Ofen backen. Den Boden erkalten lassen und einmal durchschneiden.
Den unteren Boden mit einem Tortenring fixieren. Das Vanillepuddingpulver mit 3 EL vom Rotweinzwetschgensaft anrühren. Die Zwetschgen mit dem übrigen Saft in einem Topf erhitzen, das angerührte Puddingpulver eingießen, kurz aufkochen und andicken lassen, dann auf beiden Biskuits verteilen.
Die Sahne mit Sahnesteif und Vanillezucker steif schlagen. Gut die Hälfte auf den unteren Boden streichen. Den zweiten Boden daraufsetzen und die Torte mit der restlichen Sahne ummanteln. Nach Belieben mit Eierlikör ein Gittermuster auf die Sahne träufeln. Den Rand mit Schokostreuseln verzieren.

**Tipp:** Rotweinzwetschgen sind bspw. im Hofladen Kormann sowie online erhältlich.

*Luzia Hohe, Hofladen Kormann, Ebermannstadt-Moggast*

# Eierlikörtorte

Für den Teig:
4 Eier
160 g Zucker
1 Pck. Vanillezucker
1 TL gemahlener Zimt
1 ½ EL Kakaopulver
200 g gemahlene Haselnusskerne
½ Pck. Backpulver

Für den Belag:
200 g Preiselbeermarmelade
600 g Sahne
etwas Eierlikör zum Beträufeln

*Springform (26 cm Ø)*
*Fett für die Form*
*Spritzbeutel*

Den Backofen auf 180 °C (Umluft) vorheizen. Die Springform fetten.
Die Eier mit Zucker, Vanillezucker und 2 EL heißem Wasser schaumig schlagen. Zimt und Kakao mischen und unterrühren. Die Haselnüsse mit dem Backpulver vermengen und unter die Masse heben. Den Teig in die Form füllen, glatt streichen und 30 Minuten im Ofen backen. Den Kuchen anschließend auskühlen lassen und aus der Form lösen.
Die Preiselbeermarmelade auf den erkalteten Boden streichen. Die Sahne steif schlagen und mit zwei Dritteln gleichmäßig den Kuchen ummanteln. Die restliche Sahne in einen Spritzbeutel füllen und in kleinen Häubchen rundherum auf die Torte setzen. In die Mitte so viel Eierlikör träufeln, dass die Sahne bedeckt ist.

*Familie Hornig, Cadolzburg*

# Eierlikörkuchen

200 g weiche Butter oder Margarine
4 Eier
180 g Zucker
1 Pck. Vanillezucker
250 g Mehl
1 Pck. Backpulver
200 ml Eierlikör
200 g Schokostreusel
etwas Rum
200 g Kuvertüre

*Kastenform*
*Fett für die Form*

Den Backofen auf 180 °C (Ober-/Unterhitze) vorheizen. Die Kastenform fetten.
Butter, Eier, Zucker und Vanillezucker schaumig rühren. Mehl und Backpulver mischen und über die Masse sieben. Unter stetigem Rühren den Eierlikör einfließen lassen, dann die Schokostreusel unterheben. Alles gut verrühren. Den Teig in die Form füllen und 60–70 Minuten im Ofen backen (Stäbchenprobe). Herausnehmen und kurz abkühlen lassen. Den noch warmen Kuchen mit Rum beträufeln, danach vollständig auskühlen lassen und aus der Form stürzen.
Die Kuvertüre über dem Wasserbad schmelzen und den Kuchen damit überziehen. Vor dem Servieren aushärten lassen.

*Heike Rösel, Wachendorf*

# Schokoladenkuchen

200 g Zartbitterschokolade oder Blockschokolade
4 Eier
200 g Butter
180 g Zucker
120 g Mehl
1 Msp. Backpulver
1 Prise Salz
dunkle Schokoglasur zum Verzieren

*Kastenform*
*Fett für die Form*

Den Backofen auf 160 °C (Ober-/Unterhitze) vorheizen. Die Kastenform fetten.
Die Schokolade über dem Wasserbad schmelzen und kurz abkühlen lassen. Die Eier trennen, Eigelbe mit Butter und Zucker schaumig rühren. Die geschmolzene Schokolade zugeben und weiter cremig schlagen. Mehl und Backpulver mischen, hinzusieben und unterrühren. Die Eiweiße mit etwas Salz steif schlagen und vorsichtig unter die Masse heben. Den Teig in die Kastenform füllen und ca. 60 Minuten im Ofen backen (Stäbchenprobe).
Den Kuchen herausnehmen, auskühlen lassen und aus der Form stürzen. Die Schokoglasur über dem Wasserbad schmelzen und den Kuchen damit überziehen. Die Glasur vor dem Servieren aushärten lassen.

*Eva Tauber-Haas, Cadolzburg*

# Käsetorte ohne Boden

4–5 Eier
1 kg Speisequark
125 g weiche Butter
300 g Zucker
1 EL Vanillezucker
6 EL Weizengrieß
1 Pck. Backpulver
1 Bio-Zitrone

*Springform (26 cm Ø)*
*Fett für die Form*

Den Backofen auf 180 °C (Ober-/Unterhitze) vorheizen. Die Springform fetten.
Die Eier trennen, Eiweiße mit dem Handrührgerät zu festem Schnee schlagen. Quark, Butter, Zucker und Vanillezucker mit den Eigelben verrühren. Grieß und Backpulver hinzufügen. Die Zitrone waschen, abtrocknen, die Schale fein abreiben und den Saft auspressen. Beides zum Teig geben und alles gut vermischen, bis eine homogene Masse entsteht. Den Eischnee unterheben. Den Teig in die Springform füllen, glatt streichen und ca. 75 Minuten im Ofen backen (Stäbchenprobe).

*Katharina Petschner, Wachendorf*

# Kürbiskern-Streuselkuchen mit Kirschen

Für den Mürbteig:
1 Ei
120 g weiche Margarine
120 g Zucker
250 g Mehl
50 g Kürbiskernmehl
1 TL Backpulver

Für den Belag:
400 g Sauerkirschen (aus dem Glas)
2 EL Speisestärke
etwas Zucker
etwas Mandellikör (z. B. Amaretto)
etwas gemahlener Zimt

Für die Streusel:
75 g weiche Margarine
50 g Zucker
100 g Mehl
75 g gehackte Kürbiskerne

*Springform (26 cm Ø)*
*Fett für die Form*

Den Backofen auf 175 °C (Ober-/Unterhitze) vorheizen. Die Springform fetten.
Für den Teig Ei, Margarine und Zucker schaumig rühren. Beide Mehlsorten mit Backpulver mischen, über die Masse sieben und zu einem homogenen Teig verarbeiten. Den Mürbteig in der Springform gleichmäßig andrücken.
Für den Belag die Kirschen mitsamt Saft in einem Topf aufkochen und mit Speisestärke binden. Mit Zucker, Mandellikör sowie etwas Zimt abschmecken und auf dem Mürbteigboden verteilen.
Für die Streusel Margarine, Zucker, Mehl und gehackte Kürbiskerne miteinander verkneten und die Teigkrümel über den Kirschen verteilen. Den Kuchen ca. 50 Minuten im Ofen backen.

*Petra Schnell, Schnells Kürbiskerne, Kammerstein-Neppersreuth*

# Nusskuchen

4 Eier
250 g weiche Butter oder Margarine
200 g Zucker
2–3 Tropfen Bittermandelaroma
250 g Mehl
1 gehäufter TL Backpulver
50 g Zartbitterschokolade
250 g gemahlene Haselnusskerne
etwas Puderzucker zum Bestäuben

*Napfkuchenform*
*Fett für die Form*

Den Backofen auf 170 °C (Ober-/Unterhitze) vorheizen. Die Napfkuchenform fetten.
Eier und Butter schaumig rühren, dann nach und nach Zucker sowie Bittermandelaroma hinzufügen. Mehl und Backpulver mischen, über die Eimasse sieben und unterrühren. Die Schokolade klein hacken und mit den Haselnüssen unter die Masse heben. Den Teig in die Kuchenform füllen, glatt streichen und 60–75 Minuten im Ofen backen (Stäbchenprobe). Auskühlen lassen und vor dem Servieren mit Puderzucker bestäuben.

*Camilla Rummel, Erlangen*

# Haselnuss-Sahne-Torte

Für den hellen Biskuitteig:
7 Eier
180 g Zucker
250 g Mehl
250 g Speisestärke
1 Msp. Backpulver

Für den dunklen Biskuitteig:
7 Eier
180 g Zucker
200 g Mehl
250 g Speisestärke
1 Msp. Backpulver
50 g Kakaopulver

Für die Füllung:
200 g gemahlene blanchierte Haselnusskerne
3 Eier
100 g Zucker
1 Pck. Vanillezucker
1 Prise Salz
9 Blatt Gelatine
etwas Johannisbeergelee
600 g Sahne
Schokoraspel zum Garnieren

*2 Springformen (à 26 cm Ø)*

Den Backofen auf 175 °C (Ober-/Unterhitze) vorheizen. Die Springformen mit Backpapier auskleiden.
Für den hellen Biskuitteig Eier und Zucker über dem Wasserbad kräftig aufschlagen (die Masse soll »stehen«), dann von der Hitze nehmen und weiterschlagen, bis das Ganze etwas abkühlt. Mehl, Speisestärke und Backpulver sieben und mit einem Schneebesen nach und nach unter die Eimasse heben. Den Teig in eine der Springformen füllen.
Für den dunklen Teig gleich verfahren, aber zusätzlich 50 g Kakao verwenden und die Mehlmenge dafür reduzieren. Den dunklen Teig in der zweiten Springform glatt streichen.
Beide Teigböden im Ofen ca. 30 Minuten auf der mittleren Schiene backen. Auskühlen lassen.
Für die Füllung die Nüsse in einer Pfanne trocken rösten. Eier, Zucker, Vanillezucker und Salz sehr schaumig rühren. Die Nüsse mit einem Schneebesen unter die Eimasse heben. Die Gelatine in kaltem Wasser einweichen, ausdrücken und in der Hälfte der Füllmasse auflösen. Kurz ruhen lassen, dann die restliche Masse zugeben und unterheben.
Die kalten Tortenböden jeweils horizontal halbieren. Das Johannisbeergelee leicht anwärmen, damit es streichfähiger wird. Den unteren dunklen Biskuit mit dem Gelee bestreichen und die Hälfte der Nussfüllung gleichmäßig darauf verteilen. Den zweiten dunklen Boden darauflegen. Mit der restlichen Nuss-Sahne-Masse bestreichen, dann mit dem oberen hellen Biskuit abschließen. Alle Böden leicht andrücken. Vor dem Servieren die Sahne steif schlagen, die Torte damit sorgfältig ummanteln und mit Schokoraspeln garnieren.

**Tipp:** Der übrige helle Biskuitboden kann eingefroren oder bspw. für einen Obstkuchen verwendet werden.

*Eva Tauber-Haas, Cadolzburg*

# Himmelstorte

Für den Biskuitboden:
4 Eier
100 g Zucker
120 g Mehl
1 TL Backpulver
1 EL Kakaopulver

Für den Baiserdeckel:
3 Eier
200 g Zucker
100 g Butter
100 g Mehl
1 TL Backpulver
1 EL gehobelte Mandeln

Für die Füllung:
2 Pck. Vanillepuddingpulver
400 g Sauerkirschen (aus dem Glas)
700 g Sahne
2 Pck. Sahnesteif
2 EL Zucker

*Springform (30 cm Ø)*
*Springform (28 cm Ø)*

Den Backofen auf 150 °C (Umluft) vorheizen. Beide Springformen mit Backpapier auskleiden.
Für den Biskuit Eier und Zucker etwa 10 Minuten sehr steif schlagen. Mehl, Backpulver und Kakao über die Eimasse sieben und alles vorsichtig unterheben. Den Teig in die größere Springform füllen und 30 Minuten im Ofen backen. Danach auskühlen lassen und aus der Form lösen.
Für den Baiserdeckel die Eier trennen und die Eiweiße mit 125 g Zucker steif schlagen. Eigelbe, Butter und restlichen Zucker verrühren, dann Mehl und Backpulver zugeben. Den Teig in die kleinere Springform füllen, das Eiweiß darauf verteilen und mit Mandelblättchen bestreuen. Die Backofentemperatur auf 140 °C reduzieren und den Baiserdeckel 45 Minuten im Ofen backen, anschließend auskühlen lassen und aus der Form nehmen.
Für die Füllung das Puddingpulver nach Packungsanleitung anrühren. Kirschen mitsamt Kirschsaft aufkochen und mit dem Puddingpulver andicken. Das Kompott auf dem Biskuitboden verteilen und auskühlen lassen. Die Sahne mit Sahnesteif und Zucker steif schlagen und auf dem ausgekühlten Obst verstreichen.
Den Baiserdeckel in 14 gleich große Kuchenstücke schneiden und einzeln auf die Torte legen. Vor dem Servieren mindestens 30 Minuten kalt stellen.

*Karin Krauter, Spalt*

# Amarant-Muffins

2 Eier
120 g Margarine
100 g Puderzucker
1 Pck. Vanillezucker
100 g Mehl
1 Pck. Backpulver
40 g gemahlene Haselnusskerne
40 g helle Amarant-Vollkornflocken
4 TL Kakaopulver
2 TL gemahlener Zimt
150 ml Rotwein (alternativ roter Fruchtsaft)
1 Schuss Rum (nach Belieben)
50 g Amarant-Schokopopkorn zum Garnieren

*Muffinblech*
*Papierförmchen*

Den Backofen auf 175 °C (Ober-/Unterhitze) vorheizen. Das Muffinblech mit Papierförmchen auslegen. Die Eier mit Margarine und beiden Zuckersorten schaumig schlagen. Mehl und Backpulver sieben, dann mit Nüssen, Amarantflocken, Kakao und Zimt vermengen. Mehlmischung, Rotwein und nach Belieben etwas Rum zur Schaummasse geben und mit dem Handmixer verrühren. Den Teig in die Förmchen füllen und ca. 25 Minuten im Ofen backen (Stäbchenprobe). Vor dem Servieren mit Amarant-Schokopopkorn garnieren.

**Tipp:** Amarantprodukte gibt es bspw. bei Bärnkrafft Amarant, im Bioladen oder im Reformhaus. Die Muffins können nach Belieben mit Vanillesauce (mit Schmand vermischt) serviert werden.

*Hans Bär, Bärnkrafft Amarant, Petersaurach*

# Gebäck

## Ausgezogene Krapfen

Ergibt ca. 30–40 Stück:

ca. 250 ml Milch
500 g Mehl, plus etwas mehr zum Arbeiten
1 Prise Salz
50 g Zucker
30 g Hefe
150 g Weizengrieß
80 ml Speiseöl (oder 100 g Butter)
Abrieb von 1 Bio-Zitrone
Bratöl oder Frittierfett zum Ausbacken
Puderzucker zum Bestäuben

Die Milch in einem Topf lauwarm erhitzen. Mehl und etwas Salz in eine Schüssel sieben und eine Mulde hineindrücken. Zucker, Hefe und etwas lauwarme Milch verrühren und in die Mulde gießen. Mit etwas Mehl vom Rand vermischen und ca. 15 Minuten stehen lassen. Die restliche Milch, Weizengrieß, Öl und Zitronenabrieb zugeben und alles gut verkneten, bis der Teig schön geschmeidig ist. An einem warmen Ort abgedeckt 10 Minuten gehen lassen.
Aus dem Teig Kugeln (à ca. 50 g) formen und auf ein bemehltes Geschirrtuch setzen. Die Kugeln mit einem weiteren Geschirrtuch abdecken und ca. 1 Stunde gehen lassen. Anschließend die Teigkugeln mittig eindrücken und vorsichtig von innen nach außen ziehen, bis in der Mitte nur noch eine dünne Teigschicht ist. Ausreichend Öl in einem breiten Topf erhitzen. Die Krapfen portionsweise vorsichtig mit der Oberseite in das Fett gleiten lassen. Wenden, sobald die Unterseite goldbraun ist. Die fertigen Krapfen mit einem Schaumlöffel herausheben und auf Küchenpapier abtropfen lassen. Mit Puderzucker bestäubt servieren.

**Tipp:** Ausgezogene Krapfen sind ein sehr traditionelles fränkisches Gebäck. Früher wurden sie zu Konfirmation/Kommunion an Bekannte und Nachbarn verteilt, die Geschenke gebracht haben.

*Claudia Dünninger, Demeterhof Dünninger, Hofheim*

# Lenis (Kirchweih-)Küchle

Ergibt ca. 50–60 Stück:

500 ml Milch (1,5 % Fett)
1 kg Mehl, plus etwas mehr zum Arbeiten
2 Würfel frische Hefe
1 Pck. Vanillezucker
80 g weiche Butter
80 g Zucker
Abrieb von 1 Bio-Zitrone
etwas Salz
1 Ei
2 Eigelb
2 EL Arrak
Butterschmalz zum Ausbacken
Puderzucker zum Bestäuben

Die Milch in einem Topf lauwarm erhitzen. Das Mehl in eine Schüssel sieben und eine Mulde eindrücken. Die Hefe zerbröckeln und mit Vanillezucker, ein paar EL Milch sowie etwas Mehl grob vermischen. So lange stehen lassen, bis sich die Hefemasse verdoppelt hat. Währenddessen Butter, Zucker, Zitronenabrieb und Salz auf dem Mehlrand verteilen. Die gegangene Hefemasse mit restlicher Milch, Ei, Eigelben und Arrak vermengen, dann zum Mehl geben und gründlich verkneten, bis sich der Teig vom Schüsselrand löst. Den Hefeteig am besten abgedeckt über Nacht gehen lassen.
Am nächsten Tag den Teig mit Mehl bestäuben und ½–1 cm dick ausrollen. Auf die gewünschte Größe zuschneiden und die Küchle nochmals 15 Minuten abgedeckt gehen lassen. Ausreichend Butterschmalz in einem breiten Topf erhitzen. Am besten mit einem Holzlöffel die Temperatur prüfen: Ist das Fett heiß genug, steigen kleine Bläschen am Holz auf. Die rohen Küchle nacheinander mit der Unterseite ins heiße Fett gleiten lassen und mit einem Schöpflöffel immer wieder mit dem Fett übergießen, damit sie aufgehen. Sobald die Unterseite braun ist, die Küchle wenden. Die goldbraunen Küchle mit einem Schaumlöffel herausheben und auf Küchenpapier abtropfen. Auskühlen lassen und vor dem Servieren mit Puderzucker bestäuben.

*Hermann Lankisch, Ottensoos*

# Schneeballen

Ergibt ca. 40 Stück:

4 Eigelb
14 EL Puderzucker
14 EL Rum
9 EL Sahne
1 ½ kg Mehl, plus etwas mehr zum Arbeiten
Butterschmalz zum Ausbacken
Puderzucker zum Bestäuben

*Teigrädchen*
*Schneeballenzange*

Eigelbe, Puderzucker, Rum und Sahne gut verquirlen. Anschließend das Mehl hineinsieben und alles miteinander zu einem festen Knetteig verarbeiten. Den Teig abgedeckt über Nacht im Kühlschrank ruhen lassen.
Am nächsten Tag ausreichend Butterschmalz in einem Topf erhitzen. (Beim Holzlöffeltest sollten kleine Bläschen am Holz aufsteigen.) Auf einer bemehlten Arbeitsfläche Teigstücke von etwa 80 g abstechen und quadratisch ca. 3 mm dick ausrollen. Jedes Teigstück mit dem Teigrädchen in ca. 1 ½ cm breite Streifen rädeln, dabei ringsherum einen Rand stehen lassen, nicht durchtrennen! Mit einem Kochlöffel jeden 2. Streifen aufnehmen (wie beim Weben). Den Teig in die Schneeballenzange legen und im heißen Fett goldbraun ausbacken.
Die Schneeballen vor dem Servieren abkühlen lassen und mit Puderzucker bestäuben.

**Tipp:** In einer Dose luftdicht verschlossen lassen sich die Schneeballen bis zu 2 Wochen aufbewahren.

*Angelika Mohr, Mohrenhof Franken, Geslau*

# Schneebälle

Ergibt ca. 18 Stück:

Für den Biskuitteig:
7 Eier
1 Prise Salz
200 g Zucker
1 Pck. Vanillezucker
200 g Mehl
½ TL Backpulver

Für die Quarkcreme:
400 g Sahne
2 Pck. Sahnesteif
250 g Magerquark
150 g Crème fraîche
50 g Zucker
1 Pck. Vanillezucker
125 ml Mandellikör (z. B. Amaretto)

150 g Kokosraspel zum Verzieren

Den Backofen auf 175 °C (Ober-/Unterhitze) vorheizen. Ein Backblech mit Backpapier auslegen.
Für den Teig die Eier trennen. Eiweiße mit Salz und 5 EL kaltem Wasser steif schlagen. Zucker und Vanillezucker einrieseln lassen. Die Eigelbe einzeln einrühren. Mehl und Backpulver mischen, auf die Eimasse sieben und unterheben. Den Teig gleichmäßig auf das Backblech aufstreichen und im Ofen 25–30 Minuten backen. Den Biskuit herausnehmen und auf ein sauberes Küchentuch stürzen. Das Backpapier sofort abziehen und den Teig auskühlen lassen.
Für die Quarkcreme die Sahne mit Sahnefestiger steif schlagen. Quark, Crème fraîche, Zucker, Vanillezucker und Mandellikör zu einer glatten Masse rühren. Die geschlagene Sahne unterheben.
Den Biskuit mit den Händen in feine Stücke zupfen und sorgfältig unter die Quarkcreme mischen. Mit angefeuchteten Händen Bälle aus der Masse formen und in Kokosraspeln wenden.

**Tipp:** Die Schneebälle schmecken am besten gut gekühlt und lassen sich auch wunderbar einfrieren.

*Katharina Petschner, Wachendorf*

# Blöcher

Ergibt ca. 20–30 Stück:

500 g weiche Butter
4 Eier
500 g saure Sahne
etwas Zucker
1 Prise Salz
1 kg Mehl
2 EL Arrak
Butterschmalz zum Ausbacken
gemahlener Zimt und Zucker zum Bestreuen

*Blöchereisen*

Butter, Eier, saure Sahne, Zucker und etwas Salz schaumig rühren. Das Mehl dazusieben und mit Arrak zu einem glatten Teig verarbeiten. Über Nacht abgedeckt kühl stellen.
Den Teig messerdick ausrollen, auf die Blöchereisen zurechtschneiden und herumlegen (ca. 2–3 cm überlappen lassen, damit er beim Ausbacken zusammenhält).
So viel Butterschmalz erhitzen, dass die Blöcher darin schwimmen können. Die Blöchereisen nacheinander in das heiße Fett tauchen, den Teig bräunen und wieder herausnehmen. Die Blöcher vom Eisen rutschen lassen und sofort mit Zimt und Zucker bestreuen.

**Tipp:** Den Zimtzucker am besten auf einem großen Teller bereitstellen und die Blöcher darin wenden.

*Hermine Weller, Fürth*

# Oma Anschis Nussecken

Ergibt ca. 20–30 Stück:

Für den Teig:
60 g Zucker
1 Prise Salz
1 Ei
125 g weiche Butter
300 g Mehl
1 Pck. Backpulver

Für den Belag:
200 g Marzipan
2 EL Weinbrand (z. B. Cognac)
125 g weiche Butter
400 g gemahlene Nüsse
100 g saure Sahne
250 g Zucker

Außerdem:
200 g Preiselbeermarmelade
Schokoglasur

Den Backofen auf 180–200 °C (Ober-/Unterhitze) vorheizen. Ein Backblech mit Backpapier auslegen.
Für den Teig Zucker, Salz, Ei und Butter schaumig rühren. Mehl und Backpulver auf die Eimasse sieben und alles zu einem Mürbteig verkneten. Den Teig gleichmäßig auf dem Backblech auswellen und mit Preiselbeermarmelade bestreichen.
Für den Belag alle Zutaten zu einer homogenen Masse vermengen, gleichmäßig auf dem Mürbteig verteilen und andrücken. Das Ganze ca. 30 Minuten im Ofen backen, dann herausnehmen und noch heiß in Dreiecke schneiden. Die Schokoglasur über dem Wasserbad schmelzen und die Nussecken mit Schokolade verzieren.

*Angelika Mohr, Mohrenhof Franken, Geslau*

# *Fränkische Haselnussecken*

Ergibt ca. 20–30 Stück:

Für den Belag:
200 g Butter
200 g Zucker
2 Pck. Vanillezucker
400 g Haselnusskerne (gemahlen oder gehobelt)

Für den Teig:
2 Eier
130 g Butter
130 g Zucker
2 Pck. Vanillezucker
300 g Mehl
1 TL Backpulver

Außerdem:
8 EL Aprikosenmarmelade
Schokoglasur zum Garnieren

Für den Belag Butter, Zucker und Vanillezucker vermengen. Die Haselnüsse untermischen. Die Masse im Topf erhitzen und einmal aufkochen, dann abkühlen lassen.
Den Backofen auf 180 °C (Ober-/Unterhitze) vorheizen. Ein Backblech mit Backpapier auslegen.
Für den Teig die Eier mit Butter, Zucker und Vanillezucker schaumig rühren. Mehl und Backpulver mischen und in die Eimasse sieben. Alle Zutaten gut verkneten. Den Teig gleichmäßig auf das Backblech geben und dünn mit Aprikosenmarmelade bestreichen. Die abgekühlte Haselnussmasse ebenfalls auf dem Teig verstreichen und andrücken. 25–30 Minuten im Ofen backen, dann herausnehmen, kurz abkühlen lassen und in Rauten schneiden.
Die Schokoglasur über dem Wasserbad schmelzen. Die Enden der Nussecken in die Schokolade tauchen und vor dem Servieren aushärten lassen.

*Martin Stiegler, Franken GeNuss, Gonnersdorf*

# Fränkische Haselnuss-Cantuccini

Ergibt ca. 90 Stück:

2 Eier
25 g weiche Butter
180 g Zucker
2 Pck. Vanillezucker
1 Prise Salz
150 g Weizenmehl
100 g Dinkelmehl
1 TL Backpulver
1 TL Haselnussöl
1 TL Haselnussgeist
200 g Haselnusskerne

Die Eier mit Butter, beiden Zuckersorten und Salz schaumig schlagen. Mehle und Backpulver mischen, in die Eimasse sieben und verrühren. Mit Haselnussöl und -geist zu einem glatten Teig verarbeiten. Dann die Haselnüsse unterheben und den Teig 30 Minuten kalt stellen.
Den Backofen auf 200 °C (Ober-/Unterhitze) vorheizen. Ein Backblech mit Backpapier auslegen.
Den Teig in 6 Portionen teilen und zu langen Rollen formen. Je 3 Rollen mit Abstand nebeneinander auf das Backblech legen und 10–15 Minuten goldbraun vorbacken. Die Rollen auskühlen lassen, dann schräg in Scheiben schneiden und mit der Schnittfläche nach unten erneut auf dem Backblech auslegen. Nochmals 8–10 Minuten rösten, dabei aufpassen, dass sie gegen Ende der Röstzeit nicht zu dunkel werden. Herausnehmen und abkühlen lassen. Mit den übrigen Teigrollen ebenso verfahren.

**Tipp:** Fränkische Haselnuss-Spezialitäten gibt es z. B. bei Franken GeNuss in Gonnersdorf bei Cadolzburg.

*Martin Stiegler, Franken GeNuss, Gonnersdorf*

# *Evas Macarons au Chocolat*

Ergibt ca. 25–30 Stück:

Für die Macarons:
400 g Puderzucker
50 g Kakaopulver
125 g gemahlene blanchierte Mandeln
150 g Eiweiß (von ca. 4 Eiern)
1 Prise Salz

Für die Füllung:
250 g Vollmilchkuvertüre
125 g Sahne
20 g Butter

*2 Spritzbeutel*

Für die Macarons Puderzucker und Kakao vermischen und zweimal portionsweise durchsieben. Anschließend die Mandeln zugeben. Das Eiweiß mit etwas Salz steif schlagen und die Mandelmischung mit dem Teigschaber unterheben. Die Masse in einen Spritzbeutel füllen und kleine Tupfen (ca. 1 cm Ø) auf zwei mit Backpapier ausgelegte Backbleche spritzen. Den Teig 30 Minuten zum Trocknen zur Seite stellen.

Für die Füllung die Kuvertüre hacken. Die Sahne in einem Topf aufkochen und die Kuvertüre darin schmelzen. Die Butter zugeben und warten, bis sie geschmolzen ist, danach kalt stellen.

Den Backofen auf 140 °C (Umluft) vorheizen. Die Bleche nacheinander in den Ofen schieben und die angetrockneten Makronen etwa 15 Minuten auf der mittleren Schiene backen. Dann herausnehmen, etwas abkühlen lassen und vorsichtig vom Backpapier lösen. Vollständig auskühlen lassen.

Die kalte Schokoladenmasse wieder etwas aufschlagen und in einen zweiten Spritzbeutel füllen. Die Unterseite von der Hälfte der Makronen jeweils mit etwas Füllung versehen und mit den restlichen Keksen zusammensetzen. Leicht andrücken – und fertig sind die Macarons.

*Eva Tauber-Haas, Cadolzburg*

# Zweierlei vorzügliches Weihnachtsgebäck

Ergibt ca. 60–80 Plätzchen:

Für Variante 1:
1 Ei
125 g Margarine
200 g Zucker
375 g Mehl, plus etwas mehr zum Arbeiten
½ Pck. Backpulver
Abrieb von 1 Bio-Zitrone
1 Prise Salz
Zuckerguss oder Schokoglasur zum Verzieren (nach Belieben)

Für Variante 2:
2 Eier
200 g Margarine
200 g Zucker
500 g Mehl
2 TL gemahlener Kardamom oder Zimt
1 TL Hirschhornsalz
200 ml Milch

*beliebige Ausstechformen*

Den Backofen auf 175 °C (Ober-/Unterhitze) vorheizen. Zwei Backbleche mit Backpapier auslegen.

Für den 1. Teig das Ei mit Margarine und Zucker schaumig schlagen. Mehl und Backpulver mischen und unter die Eimasse heben. Zitronenabrieb und Salz zugeben. Etwas Mehl auf die Arbeitsfläche stäuben und den Teig dünn ausrollen. Mit Plätzchenformen Figuren ausstechen und nebeneinander auf die Backbleche setzen. Im Ofen 5–10 Minuten goldbraun backen. Die Plätzchen etwas abkühlen lassen und nach Belieben mit Zuckerguss oder Schokolade verzieren.

Für den 2. Teig die Eier mit Margarine und Zucker schaumig schlagen. Mehl, Kardamom und Hirschhornsalz hineinsieben und vermengen. Nach und nach die Milch einarbeiten, bis ein glatter Teig entstanden ist. Den Teig zu einer Rolle (4–5 cm Ø) formen. Mit einem Messer dünne Scheiben abschneiden und nebeneinander auf die Backbleche legen. Im Ofen ca. 5–10 Minuten goldbraun backen.

*Camilla Rummel, Erlangen*

# Omas Vanillekipferl

Ergibt ca. 30–40 Stück:

3 Eigelb
200 g weiche Butter
125 g Zucker
3 Pck. Vanillezucker
250 g Mehl
1 Msp. Backpulver
125 g gemahlene blanchierte Mandeln
100 g Puderzucker

Den Backofen auf 175 °C (Ober-/Unterhitze) vorheizen. Ein Backblech mit Backpapier auslegen.
Die Eigelbe mit Butter, Zucker und 1 Pck. Vanillezucker schaumig schlagen. Mehl und Backpulver mischen und über die Masse sieben. Mit den Mandeln unterheben. Aus dem Teig jeweils etwa 4 cm lange Röllchen formen und diese halbmondförmig auf dem Blech verteilen. Die Kipferl mit genügend Abstand zueinander legen, der Teig geht noch etwas auf. Im Ofen ca. 7 Minuten backen, bis sie anfangen zu bräunen. Kurz abkühlen lassen. Puder- und restlichen Vanillezucker in einem Teller mischen und die noch warmen Kipferl darin wenden.

*Ewa-Lotta Schlegl, Lauf a. d. Pegnitz*

# Lebkuchen

Ergibt ca. 25–30 Stück:

25–30 Oblaten (7 cm Ø)
4 Eier
150 g Zucker
Abrieb von 1 Bio-Zitrone
1 Msp. gemahlene Nelken
etwas geriebene Muskatnuss
1 EL gemahlener Zimt
1 Prise Salz
100 g Zitronat
100 g Orangeat
150 g gemahlene Mandeln
150 g gehackte Mandeln
150 g gemahlene Haselnusskerne
Schokoglasur oder Zuckerguss zum Verzieren

Den Backofen auf 160 °C (Umluft) vorheizen. Ein Backblech mit Backpapier auslegen und die Oblaten mit etwas Abstand darauf verteilen.
Die Eier mit dem Zucker schaumig schlagen. Zitronenabrieb mit Nelken, etwas Muskat, Zimt und Salz mischen und unter die Eimasse heben. Zitronat und Orangeat fein hacken und zusammen mit Mandeln und Haselnüssen gut untermengen. Die Lebkuchenmasse (am besten mit einem angefeuchteten Löffel) ca. 1 cm hoch auf die Oblaten streichen. Etwa 15–20 Minuten im Ofen backen. Anschließend auskühlen lassen und mit Schokolade oder Zuckerguss verzieren.

*Ute Rupp, Ottensoos*

# Pfefferkuchen

Ergibt ca. 40–50 Stück:

500 g Bienenhonig (Sommertracht- oder Waldhonig)
180 g Zucker
150 g Butter
2 EL Schweineschmalz
1 Ei
1 Eigelb
1 EL Kakaopulver
1 EL gemahlener Zimt
1 TL gemahlener Kardamom
1 TL gemahlene Nelken
½ TL gemahlener Piment
1–2 TL Pottasche
2 cl Kirschwasser
500 g Weizenmehl
500 g Roggenmehl
Mandeln, Nüsse und Rosinen zum Verzieren

*etwas Bio-Bienenwachs*
*beliebige Ausstechformen*

Den Teig 10 Tage im Voraus vorbereiten:
Honig, Zucker und Butter in einem Topf langsam erhitzen. Das Schmalz zugeben. Ei, Eigelb, Kakao sowie alle Gewürze bis auf die Pottasche hinzufügen. Die Pottasche im Kirschwasser auflösen und zugießen. Die beiden Mehlsorten in eine Schüssel sieben, die Gewürz-Honig-Masse zugeben und alles zu einem festen, glänzenden Teig verkneten. Den Teig in einer verschlossenen Schüssel ca. 10 Tage an einem warmen Ort gehen lassen. Der etwas merkwürdige Geruch in dieser Zeit deutet nicht auf einen Verderb hin, sondern ist ganz normal.
Den Backofen auf 175 °C (Ober-/Unterhitze) vorheizen. Ein Backblech im Ofen erhitzen.
Den Teig gleichmäßig 1 cm dick ausrollen (z. B. zwischen zwei gleich hohen Holzleisten). Nun mit beliebigen Plätzchenformen Pfefferkuchen aus dem Teig ausstechen. Das heiße Backblech mit Bienenwachs einreiben – kein Mehl verwenden! – und die Pfefferkuchen daraufsetzen. Mit Mandeln, Nüssen oder Rosinen verzieren und die Pfefferkuchen 20 Minuten im Ofen backen. Die fertigen Plätzchen abkühlen lassen und in einer Blechdose aufbewahren. Sie benötigen einige Zeit, um mürbe zu werden.

**Tipp:** Die abgekühlten Pfefferkuchen können auch mit einer Glasur aus Puderzucker und Wasser oder Zitronensaft versehen werden. Kleinere Pfefferkuchen lassen sich auch vollständig durchtrocknen und als Christbaumschmuck verwenden.

*Stefan Igelhaut, Obstbaumpflege und Imkerei, Oberferrieden*

# Getränke

# Löwenzahn-Vitamintrunk

3 Bio-Äpfel
2 Orangen (alternativ Pampelmusen)
ca. 100 g junge Löwenzahnblätter
250 g Joghurt
ca. 250 ml Apfelsaft
Honig zum Süßen (nach Belieben)

Die Äpfel waschen, entkernen und mit Schale in kleine Stücke schneiden. Die Orangen schälen und filetieren, dann grob zerkleinern. Den Löwenzahn waschen, trocken schütteln und in feine Stücke zupfen. Äpfel, Orangen und Löwenzahn mit dem Pürierstab zerkleinern. Den Joghurt untermischen und mit Apfelsaft auffüllen, bis das Getränk eine cremigflüssige Konsistenz hat. Erneut pürieren, nach Belieben süßen und kalt servieren.

*Hannelore Hell, Wiesenbronn*

# Eistee vom Rhabarber

1 kg Rhabarber
30 g frischer Ingwer
1 Bio-Zitrone
250 g Zucker
4 Beutel Hagebutten-Tee
Eiswürfel und Zitronenmelisse zum Servieren
kaltes Mineralwasser zum Aufgießen (nach Belieben)

Den Rhabarber waschen, putzen und in Stücke, den Ingwer schälen und in Scheiben schneiden. Die Zitrone warm waschen, abtrocknen, die Schale fein abreiben und den Saft auspressen. Rhabarber, Ingwer, Zitronenabrieb und Zucker in einen Topf geben. Mit 1 l Wasser aufgießen und die Teebeutel einhängen. Alles aufkochen und abgedeckt bei schwacher Hitze ca. 10 Minuten köcheln. Anschließend durch ein feines Sieb passieren. Den Zitronensaft zufügen und den Tee mehrere Stunden kalt stellen.
Zum Servieren die Eiswürfel in Gläser füllen und mit dem Eistee übergießen. Nach Belieben mit gekühltem Mineralwasser verdünnen und mit Zitronenmelisse garnieren.

*Gerda Hörath, Schelterhof, Wunsiedel*

# Holunder-Limetten-Cocktail

Für den Sirup:
5–10 Holunderblütendolden
400 g Zucker
½ TL Zitronensäure

Für den Cocktail:
½ Bio-Limette
40 ml Birnenbrand
20 ml Holunderblütensirup (s. o.)
Mineralwasser (nach Belieben)
Minzeblätter und Eiswürfel zum Servieren

*Holzstößel*
*Glasflasche zum Abfüllen*

Für den Sirup die Holunderblüten von den Stängeln zupfen. Zucker, Zitronensäure und 400 ml Wasser aufkochen und die Holunderblüten zugeben. Die Hitze reduzieren und 5 Minuten köcheln. Den Sirup vom Herd nehmen und die Blüten 2 Stunden im Zuckerwassser ziehen lassen. Anschließend durch ein feines Sieb in eine Glasflasche passieren.
Für den Cocktail die Limette vierteln, in ein Glas füllen und mit einem Holzstößel leicht andrücken. Birnenbrand und Holunderblütensirup zugießen und mit einem Löffel kurz umrühren. Nach Belieben mit Mineralwasser auffüllen. Die Minzeblätter leicht andrücken und mit Eiswürfeln vorsichtig ins Glas geben – Erfrischung genießen.

**Tipp:** Der restliche Holunderblütensirup lässt sich luftdicht verschlossen problemlos einige Wochen kühl aufbewahren.

*Carola Martin, Rhöner Schnapsküche, Schondra*

# Orangenpunsch

350 ml Orangenlikör
125 g Zucker
8 Gewürznelken
4 Saftorangen (oder 500 ml frisch gepresster Orangensaft)
4 Zitronen
1 l Weißwein

Orangenlikör und Zucker mischen. Die Nelken in einem Teesieb zugeben und 4 Stunden darin ziehen lassen, anschließend wieder entfernen. Orangen und Zitronen waschen, je eine halbe Frucht in Scheiben schneiden, den Rest auspressen und gut abseihen. Wein, Orangen- und Zitronensaft mit dem Likörgemisch vermengen und erhitzen. Dabei darauf achten, dass die Flüssigkeit nicht aufkocht. Zum Anrichten den Punsch in Gläser füllen und mit Orangen- und Zitronenscheiben garnieren.

*Ute Rupp, Ottensoos*

# Glüh-Met
# Weihnachtlicher Honigwein

1 l Met
brauner Zucker nach Geschmack
3–4 Gewürznelken
1 Sternanis
2 Zimtstangen
1 Bio-Orange
½ Bio-Zitrone

Den Met in einem Topf auf maximal 60 °C erhitzen. Nach Geschmack (es gibt herberen und süßeren Met) mit etwas braunem Zucker süßen. Nun Nelken, Sternanis und Zimtstangen einrühren. Orange und Zitrone warm waschen, abtrocknen und die Schalen mit dem Sparschäler in breiten Streifen von den Früchten lösen. Die Schalen zum Met geben und 5 Minuten ziehen lassen. Anschließend direkt in Tassen abseihen.

**Tipp:** Met gibt es im gut sortierten Getränke- und Supermarkt zu kaufen. Empfehlenswert ist jedoch, mit einem Kauf die Imker aus der Umgebung zu unterstützen.

*Anna Philipp, Fürth*

# Rezeptregister

**H**



**I**



**K**



**L**

**T**



**V**



**W**



**Z**

# Informations-
# verzeichnis

**abokiste Landgut Schloss Hemhofen**
Schloßhof 3
91334 Hemhofen
Tel. 0 91 95/83 81
info@abokiste.de
www.abokiste.de
Lieferung ökologischer Lebensmittel frei Haus, vom eigenen Hof und im Vollsortiment. Liefergebiet: von der fränkischen Schweiz bis hinter Nürnberg, inkl. Erlangen, Fürth, Nürnberg, Bamberg, Forchheim

**Aischtaler Meerrettich- u. Konservenfabrik Lutz**
Aischtalweg 11
91486 Uehlfeld
Tel. 0 91 63/6 71
info@meerrettich-lutz.de
www.meerrettich-lutz.de
Mo-Fr 08.00–12.00 u. 13.00–17.00 Uhr, Sa 08.00–12.00 Uhr
Kräuter, Tee, Gewürze, Meerrettich, Senf und Ketchup

**Alpakagut Birkig**
Wellmersdorfer Str. 1
96465 Neustadt bei Coburg
Tel. 0 95 68/24 19
dressel-birkig@t-online.de
www.alpakagut-birkig.de
Produkte aus Alpakawolle, Alpaka-Wanderungen

**Auenland Beef**
Aurachsmühle 1
97461 Hofheim
Tel. 01 75/3 61 28 73
bestellung@auenland-beef.de
www.auenland-beef.de
Fr 16.00–18.00 Uhr, Sa 10.00–12.00 Uhr
Rindfleisch-Spezialitäten, u.a. abgehangenes Rindfleisch, frisches Hackfleisch, Rindersteaks, Rinderbratwürste, grillfertige Burger-Pattys, Rindersalami, Rinderschinken, Pastrami, Pulled Beef, Beef Jerky, Rinderpastete im Glas

**Bärnkrafft Amarant**
Mühlweg 51
91580 Petersaurach
Tel. 0 98 72/12 15
baer@amarant.de
www.amarant.de
Fr 16.00–18.00 Uhr sowie nach Vereinbarung

**Biohof May**
Wülfershauser Str. 8
97618 Junkershausen
Tel. 0 97 62/62 18
mail@biohof-may.de
www.biohof-may.de
Hofladen: Mo–So tagsüber
Eierhäusle: rund um die Uhr mit Hühnermobil-Eiern, Dinkelreis, Getreideprodukten, Eiernudeln

**Biohof Schmidt**
Mittelehrenbach 41
91359 Leutenbach
Tel. 0 91 99/18 04
kontakt@biohof-schmidt.de
www.biohof-schmidt.de
Obst, Destillate, Liköre, Essig
Alle Erzeugnisse sind Bioland-zertifiziert

**Bioland-Ziegenhof »Der Reimehof«**
Wallsdorf 1
91241 Kirchensittenbach
Tel. 0 91 52/9 28 79 63
info@reimehof.de
www.reimehof.de
Hofladen: Mo–Sa 9.00–13.00 Uhr (Feb–Nov) sowie auf Anfrage
außerdem auf verschiedenen Märkten
Ziegenkäse, Honig, Zickleinfleisch

**Brezen Kolb**
Ostendstr. 138
90482 Nürnberg
Tel. 09 11/5 44 42 50
kontakt@brezen-kolb.de
www.brezen-kolb.de
Verschiedene Verkaufsstellen in und um Nürnberg

**Burk's Nudeln Nudelmanufaktur**
Grundweg 2b
97816 Lohr
Tel. 0 93 59/6 99
info@burks-nudeln.de
www.burks-nudeln.de
Nudellädchen:
Riedwiesen 10
97854 Steinfeld
Mo u. Fr 10.00–14.00 Uhr

**Burmann's Hof und Laden**
Heidenbergstr. 12
91154 Roth-Pfaffenhofen
Tel. 0 91 71/6 34 13
info@hofundladen.de
www.hofundladen.de
Laden: Di 11.00–17.00 Uhr,
Mi u. Do 8.00–17.00 Uhr,
Fr. 8.00–18.00 Uhr,
Sa 8.00–13.00 Uhr
Haisla: rund um die Uhr
Hofladen, Metzgerei und Partyservice

**Charolaishof Spona**
Altenspeckfeld 4a
91477 Markt Bibart
Tel: 0 91 62/98 87 51
charolaishof-spona@web.de
www.charolaishof-spona.de.tl
Charolais-Rindfleisch

**Demeterhof Dünninger**
Im Steig 1
97461 Hofheim
Tel. 0 95 23/95 06 19
info@demeterhof-duenninger.de
www.demeterhof-duenninger.de
Hofladen: Fr 13.30–18.00 Uhr,
Sa 9.00–13.00 Uhr
Brot und Getreide, Obst und Gemüse, Käse und Molkereiprodukte, Eier, Fleisch und Wurstwaren, Naturkost; auch Abokisten
Ferienwohnungen:
info@ferien-auf-dem-biohof.de
www.ferien-auf-dem-biohof.de
Großzügige Ferienwohnungen mit hochwertigen biologischen Vollholzmöbeln

**Ferienhäuser zur Schäferei**
Häusles 3
96268 Mitwitz
Tel. 0 92 64/91 57 35
info@ferienhaeuser-zur-schaeferei.de
www.ferienhaeuser-zur-schaeferei.de
Urlaub auf dem Bauernhof mit eigenem Dammwildgehege und Schafzucht

**Fischzuchtbetriebe Gerstner**
Im Seegrund 1
97332 Obervolkach
Tel. 0 93 81/10 79
info@fischzucht-gerstner.de
www.fischzucht-gerstner.de
Mo–Fr 8.00–12.00 u. 13.00–18.00 Uhr (Jan–März nur bis 17.00 Uhr).
Sa 8.00–13.00 Uhr
Frischfisch, küchenfertig, halbiert oder filetiert, Räucherfisch

**Forellenzucht Aufseßtal**
Wüstenstein 53
91346 Wiesenttal
Tel. 0 91 96/14 24
maria.schwegel@aufsesstal.de
www.aufsesstal.de
Hofladen: Mo–Fr 8.00–18.00 Uhr,
Sa 10.00–12.00 u. 15.00–18.00 Uhr
außerdem auf verschiedenen Märkten
Frischfisch, küchenfertig, halbiert oder filetiert, Räucherfisch

**Franken GeNuss**
Gonnersdorf 6
90556 Cadolzburg
Tel. 0 91 03/7 14 22 48
info@franken-genuss.com
www.franken-genuss.com
In der Saison (Mitte Sep–Weihnachten):
Mi 14.00–18.00 Uhr,
Do 9.30–12.00 u. 14.00–18.00 Uhr,
Fr 10.00–18.00 Uhr,
Sa 9.30–14.00 Uhr,
außerhalb der Saison nach Vereinbarung
Haselnüsse und Haselnuss-spezialitäten

**Franken Weingut Bauerschmitt**
Ziegelanger 31a
97475 Zeil am Main
Tel. 0 95 24/30 20 78
info@weingut-bauerschmitt.de
www.weingut-bauerschmitt.de
Fr ab 16.00 Uhr,
Sa, So u. Fei ab 14.00 Uhr

**Frankie's Hofladen**
Poppenreuther Str. 201
90765 Fürth
Tel. 09 11/18 09 31 32
frankie-tomaten@web.de
www.frankies-hofladen.de
Mo–Do 8.30–13.00 u. 15.00–18.00 Uhr,
Fr 8.30–18.00 Uhr,
Sa 8.30–13.00 Uhr
Obst und Gemüse, hausgemachte Kuchen, Bauernbrot, Milch und Milchprodukte, Käse, Wurstwaren, Honig, Eingemachtes, Brände

**Geflügelhof Grießmeier**
Konrad-von-Megenberg-Str. 29
91166 Mäbenberg
Tel. 0 91 72/82 50
kontakt@griessmeier.com
www.griessmeier.com
Di–Fr 13.00–18.00 Uhr,
Sa 9.00–14.00 Uhr
Eier, Nudeln, Eierlikör, Wurst, Schinken, Fleisch (Damwild, Huhn, Pute, Ente, Gans)

**Geflügelhof Schubert**
Ebacher Str. 1
91338 Igensdorf
Tel. 0 91 92/83 03
info@gefluegelhof-schubert.de
www.gefluegelhof-schubert.de

Mo–Fr 8.00–18.00 Uhr,
Sa 8.00–13.00 Uhr
Eier, Nudeln, Käse, Geflügel, Wurst, Schinken, Wein, Brände, Honig, Gewürze, Fisch, Holzofenbrot und anderes Gebäck

**Gutshof Andres**
Pettstadt 1
96166 Kirchlauter
Tel. 0 95 36/2 21
info@gutshof-andres.de
www.gutshof-andres.de
Ferienappartements und Gästezimmer, Restaurant, Gutshofbrennerei

**Hofladen Adelgunde Gagel**
Mühlteich 5
96231 Bad Staffelstein
Tel. 0 95 73/51 71
g-a.gagel@web.de
www.qualitaet-vom-hof.de/adelgunde-gagel
Mo–Fr 8.00–20.00 Uhr,
Sa 9.00–18.00 Uhr sowie nach Vereinbarung
Eingemachtes, Liköre, Brände, Dekoideen

**Hofladen Kormann**
Zum Steig 2
91320 Ebermannstadt-Moggast
Tel. 0 91 94/92 15
info@kormann-online.de
www.kormann-online.de
Mo–Fr 10.00–18.00 Uhr,
Sa 9.00–16.00 Uhr sowie nach Vereinbarung
Liköre, Brände, Eingemachtes, Essig, Wurst, Schinken, Rosenprodukte, Holzofenbrot, Dekoideen

**Kartoffel Zwingel**
Dietenholz 1
90599 Dietenhofen
Tel. 0 98 24/51 16
georg.zwingel@t-online.de
www.kartoffel-zwingel.de
Mo, Mi, Fr 8.00–12.00 u. 14.00–18.00 Uhr,
Sa 8.00–12.00 Uhr
Kartoffeln, Öl, Müsli, Nudeln, Eier, Honig, Sauerkraut, Meerrettich, Eingemachtes, Käse, Milch und Milcherzeugnisse

**Kräuter und Gemüse Meier**
Braunsbacher Weg 23
90427 Nürnberg-Buch
Tel. 09 11/38 16 35
meier-gemuese@arcor.de
Hofladen: Mo u. Fr 16.30–18.00 Uhr
außerdem auf verschiedenen Märkten

**Landgasthaus Waldmichelbacher Hof**
Waldmichelbach 4
63856 Bessenbach
Tel. 0 60 95/6 74
info@waldmichelbacher-hof.de
www.waldmichelbacher-hof.de
Hofladen: Mi–So 10.00–19.00 Uhr
Gasthof, Ferienwohnungen, Brennerei, Haflingerzucht, Hofladen (Roggenbrot, Kuchen, Wurst, Rindfleisch, Brände)

**Lern- & Erlebnishof Eichenmüller**
Weinstr. 50
91058 Erlangen
Tel. 0 91 31 / 60 12 33
info@erlebnishof-eichenmueller.de
www.erlebnishof-eichenmueller.de
Termine nach Absprache
Milchhäusla: Mo–So 7.30–19.30 Uhr

**Luisenhof**
Aussiedlerhof 1
63863 Eschau
Tel. 0 93 74/9 78 45 18
bisons@luisenhof-spessart.de
www.luisenhof-spessart.de
Sa 10.00–16.00 Uhr
Wurst, Fleisch, Kartoffeln, Nudeln, Honig, Eis, Eingemachtes, Öl, Essig, Saucen, Senf, Gewürze, Wein, Brände

**Marga's Kren**
Biengarten 11
91315 Höchstadt
Tel. 0 91 93/81 66 oder 0 91 93/6 33 52 00
info@margas-kren.de
www.margas-kren.de
verschiedene Meerrettich-Spezialitäten

**Meerrettichhof Hieronymos**
Erlanger Str. 18
91462 Dachsbach
Tel. 0 91 63/2 25
meerrettichhof@t-online.de
verschiedene Meerrettich-Spezialitäten

**Mellerschter Schafhof**
Bauerngasse 58
97638 Mellrichstadt
Tel.0 97 76/75 02
info@mellerschter-schafhof.de
mellerschter-schafhof.de
Hofladen: Fr u. Sa 10.00–12.30 Uhr
Holzofenbrot (Dinkel, Vielkorn, Bauernbrot), Lammfleisch, Seife, Schokolade, Produkte aus Schafwolle und Lammfell

**Mohrenhof Franken**
Lauterbach 3
91608 Geslau
Tel. 0 98 67/97 86 09
info@mohrenhof-franken.de
www.mohrenhof-franken.de
Ferienwohnungen, Campingplatz, Bauernhof, Biergarten

**Obstbaumpflege und Imkerei**
Nürnberger Str. 39
90559 Oberferrieden
Tel. 01 75/3 34 55 43
imkerei.igelhaut@gmail.com
www.stefanigelhaut.de

**Preuschens Edelbrandbrennerei**
Hundsboden 21a
91349 Egloffstein
Tel. 0 91 97/16 98
info@preuschens.de
www.brennerei-fraenkische-schweiz.de
Brände, Geiste, Whisky, Liköre, Charlemagner

**Rhöner Schnapsküche**
Bachstr. 4
97795 Schondra
Tel. 0 97 47/15 13
info@rhoenerschnapskueche.de
www.rhoenerschnapskueche.de
Brände, Geiste, Liköre

**Rotwildgehege Welscher**
Mostrach 4
96317 Kronach
www.rotwild-welscher.de
mostrach@rotwild-welscher.de
Zertifiziertes Bio-Fleisch vom Rotwild

**Schelterhof**
Schönlind 3
95632 Wunsiedel i. Oberfranken
Tel. 0 92 32/22 79
info@schelterhof.de
www.schelterhof.de
Bauernhof, Ferienwohnungen,
Hofladen (Eier, Milch,
Eingemachtes, Honig, Wurst)

**Scherauer Hof**
Scherau 4
91227 Leinburg
Tel. 0 91 20/63 00
info@scherauerhof.de
www.scherauerhof.de
Fr 8.30–18:00 Uhr
Sa 8.30–13.00 Uhr
Obst, Gemüse, Wurst, Schinke, Öle,
Kuchen, Eingemachtes
zusätz. Tagungszentrum und Veranstaltungen inmitten der Natur

**Schlegels Genussmanufaktur »Die Wurschtler«**
Am Haller 39
91462 Dachsbach
Tel. 01 72/6 16 18 91
info@die-wurschtler.de
www.die-wurschtler.de
verschiedene Fleisch- und
Wurstspezialitäten

**Schluckerhof**
Feinschluck 1
91177 Thalmässing
Tel. 0 91 73/79 31 70
info@schluckerhof.de
www.schluckerhof.de
Schweine- und Limousin-Rindfleisch

**Schnells Kürbiskerne**
Ringstr. 4
91126 Kammerstein-Neppersreuth
Tel. 0 91 22/83 07 03
info@schnells-kuerbiskerne.de
www.schnells-kuerbiskerne.de
Mi u. Do 14.00–18.00 Uhr,
Fr 9.00–12.30 u. 14.00–18.00 Uhr,
Sa 9.00–13.00 Uhr
Kürbiskernöl, Kürbiskerne, Honig,
Eingemachtes, Kaffee, Tee, Wurst,
Brände, Geiste, Liköre, Dekoideen

**Spessarthof**
Gasse 10a
97773 Aura
Tel. 0 93 56/93 36 33
info@spessarthof.de
www.spessarthof.de
Sa 9.00–13.00 Uhr
Moringa-, Weizen- und Dinkel-Landnudeln, Wagyu- und
Charolais-Rindfleisch, Brände,
Geiste, Liköre, Whisky, Gin

**Stophelhof**
Neuhöflein 3
91560 Heilsbronn
Tel. 0 98 72/84 16
stophelhof@gmx.de

**Teichwirtschaft Dietsch**
Peppenhöchstädt 10a
91486 Uehlfeld
Tel. 0 91 63/13 28
karpfen-dietsch@t-online.de
Aischgründer Karpfen, Graskarpfen,
Schleie, Waller, Zander,
verschiedene Karpfen-Spezialitäten,
Frischfisch nach Vereinbarung

**Vad's Rosenhof**
Pflaumheimer Weg 9
63785 Obernburg
Tel. 0 60 22/64 99 77
schlemmereck@vads-rosenhof.de
www.vads-rosenhof.de
Schlemmereck: rund um die Uhr
Eier, Eingemachtes, Kartoffeln, Wurst, Geflügel

**Weidehof Grellner**
Prüllsbirkig 11
91278 Pottenstein
Tel. 0 92 43/70 12 43
info@weidehof-pruellsbirkig.de
www.weidehof-pruellsbirkig.de
Verkaufshütte: rund um die Uhr
Wurst, Eier, Honig, Liköre, Kartoffeln, Eingemachtes, Nudeln, Öle, Käse

**Weingut Scheuring**
Lutzgasse 6
97276 Margetshöchheim
Tel. 09 31/46 36 33
info@weingut-scheuring.de
www.weingut-scheuring.de
Frankenweine und Heckenwirtschaft

**Winkler-Mühle**
Dorfstr. 1
91189 Gustenfelden
Tel. 0 91 22/83 18 55
info@winkler-muehle.de
www.winkler-muehle.de
Mo–Fr 8.00–18.00
Sa 8.00–13.00 Uhr
Mehl, Nudeln, Müsli, Backmischungen, Naturkosmetik, Bücher, Porzellan- und Töpferwaren

# Dank

Der Verlag bedankt sich ganz herzlich bei allen fränkischen Köchinnen und Köchen für die Einsendungen ihrer zahlreichen Lieblingsrezepte. Wie bereits beim ersten Band *Gessn werd derhamm* ist auch hier wieder eine bunte Mischung an unterschiedlichsten Gerichten entstanden, die einen Einblick geben, was in fränkischen Haushalten am liebsten auf den Tisch kommt.
Ein großes Dankeschön geht auch an die, die hinter den Kulissen gearbeitet und sich um alles Organisatorische gekümmert haben: Eva Duschl, Tatjana Avendaño, Diana Schmidt, Julia Glaß und Ewa-Lotta Schlegl – vielen Dank für euren Einsatz!
Und zum Schluss: Ein besonderer Dank an Bettina Schary für die liebevoll handgezeichneten Illustrationen, die die Liebe zum Essen und die Liebe zur Kunst miteinander verbinden.

# Weitere kulinarische Entdeckungen aus Franken

Gerlinde Herz · Petra Teetz
**Aus meim Gärtla**
Rezepte und Tipps für das ganze Jahr
Klappenbroschur, 176 Seiten
ISBN 978-3-86913-117-7

Gerlinde Herz (Hg.)
**Gessn werd derhamm**
Das Kochbuch fränkischer Landfrauen
Klappenbroschur, 183 Seiten
ISBN 978-3-86913-256-3

**Karpfen, Kräuter, Kren und Kirschen**
Ein fränkisches Kochbuch
Klappenbroschur, 159 Seiten
ISBN 978-3-86913-281-5

Marianne J. Voelk
**Franken Vegetarisch**
Das Knoblauchsland-Kochbuch
Hardcover, 144 Seiten
ISBN 978-3-86913-619-6

Marion Reinhardt
**Fränkisch kochen mit wilden Kräutern**
80 saisonale Rezepte
Hardcover, 215 Seiten
ISBN 978-3-86913-761-2

Patrick Grasser
**Whiskyland Franken**
Die Macher · Die Genießer · Die Botschafter
Klappenbroschur, 247 Seiten
ISBN 978-3-86913-842-8